JN008639

AI
Artificial Intelligence
NAVI GA TOR 2024

AIナビゲーター 2024年版
生成AIの進化がもたらす次世代ビジネス

野村総合研究所
NRIデジタル

東洋経済新報社

はじめに

新しいテクノロジーの出現は、ビジネスや社会構造、生活様式に至るまで大きな変化をもたらします。たとえば、18世紀後半のイギリスで始まった第一次産業革命は、蒸気機関の導入による工場の機械化を実現しました。19世紀後半の第二次産業革命では、石油と電力を使用した大量生産・輸送が始まり、20世紀後半には、第三次産業革命として情報技術と通信技術の急速な進化、大きな変革（インターネットの普及）により、生産プロセス・ビジネスモデル、日常生活に大きな影響を与え、新たな産業構造を形成しました。そして現在、IoT（モノのインターネット）、AI（人工知能）、ビッグデータ、ロボット技術の進化により、第四次産業革命が始まったと言われています。これまでの技術は主に効率化を目的としていましたが、第四次産業革命では、テクノロジーとデータの融合により、新たなビジネスモデルの創出が期待されています。特に、現在の技術革新において注目されている分野はAIです。

本書『AIナビゲーター2024年版』は、NRIグループの研究員、コンサルタント、データサイエンティストが共同で執筆したもので、AI技術の最新トレンドと各産業における活用状況を掘り下げています。AIは広範な技術を含むため、そのすべてを紹介することは読者にとって既知の情報が多くなり、新鮮味に欠ける可能性があります。このため、本書では今特に関心が高まっている「生成AI」に焦点を当てることにしました。この分野の技術的な進歩と、それが各産業にどのように応用されているかを解説することで、読者に新たな知見と理解を提供することを目指しています。

生成AIは、既存のデータから学習して、新たなテキスト、画像、音声、動画などのコンテンツや情報を生成する技術です。このAIは従来のAIと比較して、より複雑なデータ処理と創造的な出力を行うことができ、ビジネスやクリエイティブな分野での応用範囲が広がっています。生成AIの発展により、AIは単なる効率化ツールから一歩進み、人間と円滑にコミュニケーションを取れる新たな段階に入っています。これにより、AIは日常生活における意思決定から生産活動の効率化や新しいアイデアの創出に至るまで、人間のさまざまな活動を幅広く支援する存在へと進化していくと考えられます。

本書は、生成AIの歴史、主要技術、発展を支える技術的基盤、規制とリスク、各業界での活用状況、そして未来展望を解説し、この分野における深い理解と潜在力の活用に向けた洞察を提供します。さらに、NRIによる独自のアンケート調査を実施し、日本のビジネスパーソンの生成AIへの認識と活用状況を分析しています。この調査結果をもとに、現在および将来における生成AIの活用法を予測し、読者に実用的な知識を伝えます。本書は、ビジネスリーダーやテクノロジー専門家だけでなく、一般読者も理解しやすい内容としています。生成AIが持つ可能性とその課題を明確にし、これからの時代を見据えた行動指針を提案することが狙いです。

技術のシンギュラリティに近づいているとされる生成AIは、汎用人工知能（AGI）への進化の一環と考えられています。AGIは、人間と同等またはそれを超える知能を持つAIと定義され、特定のタスクに特化した従来のAIとは異なります。生成AIの進化は、AGIへの道のりにおける重要なマイルストーンです。将来的には、人間の知性を模倣し、理解する能力を持つAIが実現する可能性があります。これにより、AIは複雑な問題解決、創造的なアイデアの生成、高度な意思決定支援など、人間の能力を拡張する形で活用されるようになるでしょう。生成AIの発展はビジネスのみならず、医療や教育など多岐にわたる分野に革新をもたらすと期待されています。

改めて言うまでもなく、生成AIの技術進化は急速であり、この進化を的確に捉え利活用することは、新たな市場への進出や既存ビジネスの効率化、顧客サービスの革新など、企業にとって大きな成長機会を意味します。一方で、この急速な技術進展はさまざまな課題をもたらします。データプライバシー、AIの倫理的な使用、法的なコンプライアンスは、企業が直面する主要な課題です。適切な関わり方を怠ると大きなリスクに直面する可能性があります。また、AIによる自動化が進むにつれて、職業の未来や雇用の安定性に関する懸念も生じています。生成AIの持つ大きな可能性を理解し、適切に活用することが、これからの時代においてますます重要になってきます。読者の皆さまがAIとの関わりを深める上で、本書が少しでも参考になることを願っています。

2023年12月

株式会社野村総合研究所
常務執行役員
大元 成和

目次

第 3 章
生成AIを進化させる技術動向

第 4 章
生成AIの課題と社会的影響

第 5 章
生成AIのビジネス活用のはじまり（業界別）

第1章
生成AIの概要と歴史

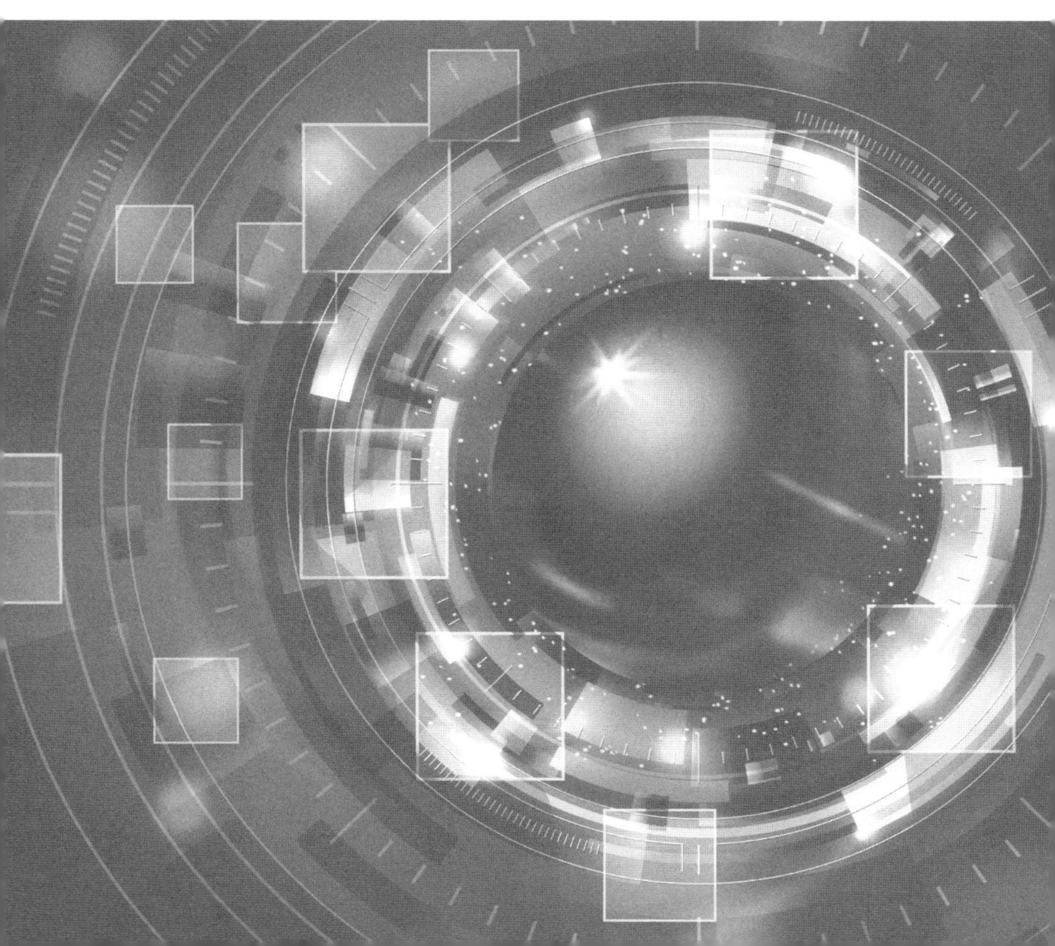

1.1
生成AIの誕生

生成AIとは、まるで人が作り出したかのような文章や画像などを生み出すAIのことをいう。英語の「Generative Artificial Intelligence（Generative＝生成的な）」を翻訳したものである。また、「Generative」は、ラテン語の「Generatus」（生む、生産する）に由来し、生物が遺伝子から次の世代を生み出すように、生成AIは学習したデータから、新たなアウトプットを生み出す。「コピー」や「再現」ではなく、「新たなもの」である点は、生成AIの価値の源泉となっている。

生成AIの歴史は古く、AI研究者の間で大きな注目を集めたのは、2014年のイアン・グッドフェローによる研究である。グッドフェローは、研究論文「Generative Adversarial Nets」の中で、後に「敵対的生成ネットワーク（GAN：Generative Adversarial Network）」と呼ばれることになるAIの新たな手法を提案した。

敵対的生成ネットワークとは、画像や音声などのデータを新たに作り出すAI（生成器）と、それが「本物」のデータか、AIによって作られた「偽物」のデータかを判別するAI（識別器）とを繰り返し競わせることで、本物に迫るデータを作り出す手法である。このため、敵対的生成ネットワークは、偽札を作る「犯人」と、それを見破る「警察」との絶え間ない技術競争に例えられる。

深層学習（ディープラーニング）を用いた従来の手法と比べ、敵対的生成ネットワークによって生み出された画像は、格段に画像が鮮明になりリアリティが増すなど、生成AIの研究が活性化するきっかけとなった。中でも世界を驚かせた研究が、GPUで有名な大手半導体メーカーのNVIDIA（エヌビディア）の研究者らによって2018年に発表された「StyleGAN」である（図

図表 1.1–1　StyleGAN で生み出された架空の人の顔写真

（出所）A Style-Based Generator Architecture for Generative Adversarial Networks, Tero Karras, Samuli Laine, Timo Aila

表1.1−1)。StyleGANは、この世の誰でもない、実在しない人の顔画像を生成するAIである。極めて精巧で、写真と見違えるほどの解像度で顔画像が生成されるため、一般のニュースメディアなどでも取り上げられた。また、その精巧さが悪用され、ソーシャルメディアで不正なアカウントが取得された際に、信憑性を高めるための顔画像として活用されるなど、AIを活用した犯罪とも残念ながら関連性の高い技術である。

敵対的生成ネットワークは、AI研究に「生成AI」という新たな分野を切り開く一翼を担ったが、活用例の多くは画像生成や音声生成にとどまり、テキストのような自然言語に関する研究の発展は限定的であった。ビジネスに応用するにも、生成されるアウトプットのバラエティが乏しく活用先が絞られ、「リアリティ」だけでは、爆発的なブームを巻き起こすようなことはなかった。

1.2

言語モデルから大規模言語モデルへ

工学では人間の言葉をコンピュータで取り扱う分野を自然言語処理と呼ぶ。この分野の重要な技術が、連続する単語の出現確率をモデル化した「言語モデル」である。たとえば、「あけまして」に続く単語は「おめでとうございます」と続く可能性が高いなどと予測する。言語モデルは、自然言語処理を応用した技術である機械翻訳をはじめ、文字認識や音声認識などの認識率の向上にも用いられてきた。

2012年にトロント大学のヒントン教授などが率いるチームにより、ディープラーニングによる画像認識の画期的な性能向上が報告された。このインパクトは大きく、言語モデルへもすぐさま適用が進められた。たとえば、「リカレントニューラルネットワーク（再帰型ニューラルネットワーク）」である。

リカレントニューラルネットワークとは、文章のようなシーケンスデータや、音声などの時系列データを扱うために考案されたモデルである。人間が文章を前から順に読み進め理解するように、リカレントニューラルネットワークは与えられた順にデータを読み込み、推論を繰り返す。直前までの推論結果を次の入力データとするため、リカレントニューラルネットワークには、“その名”が示すように再帰構造を持つ。処理の依存関係から並列化が難しく、大量のデータを学習させるには不向きであった。また、言語モデルに適用すると、文章が長くなればなるほど、離れた単語のデータが減衰し意味を取り違えるなど、構造上の課題を抱え、画像認識ほどの劇的な性能向上は起きなかった。

言語モデルが大幅に進化するきっかけとなったのは、2017年12月にグーグルの研究者らが考案した「トランスフォーマー」と呼ばれるモデルの誕生である。トランスフォーマーは翻訳タスクで評価され、従来の性能を大きく上回るモデルとして注目を集め、その革新性から「ニューラル機械翻訳」と呼ばれた。トランスフォーマーは、「エンコーダー（符号器）」と「デコーダー（復号器）」の2つの機能をつなぎ合わせた構造になっている。翻訳タスクであれば、エンコーダーによって翻訳前の文章の特徴が抽出される。抽出された特徴データは、デコーダーに入力され、翻訳先の言語に変換される。トランスフォーマーが、翻訳精度を向上できた背景には、入力される単語間の特徴を精度高く抽出できるようになったこと、学習時に並列処理可能な構造になったことが大きく寄与している。

グーグルは、2018年10月、トランスフォーマーを応用した言語モデルBERT（Bidirectional Encoder Representations from Transformers）を公開した。BERTは、トランスフォーマーを構成する「エンコーダー」を応用したモデルである。Wikipediaのようなインターネット上のデータから作成された単語の穴埋め問題などを大量に解かせ、言語の基本的な特徴や知識に相当するものをエンコーダーに獲得させる。その後、タスクに特有のデータで微調整したモデルである。BERTは、文が文法的に正しいか否かを分類する問題など、8つの種類からなる自然言語処理のベンチマークテストであるGLUE（General Language Understanding Evaluation）を用いて評価され、当時の最高性能のモデルを凌駕する結果を出し、トランスフォーマーの潜在的な可能性を研究者の間で知らしめた。また、BERTのように大量のデータを学習した言語モデルを従来のモデルと比較するため、「大規模言語モデル」と呼ぶようになった。

1.3
GPT-3の登場

BERTの優れた性能が論文として公開されると、瞬く間にトランスフォーマーを改良した言語モデルの開発が世界中の企業や研究機関などではじまった。その中でも、際立った取り組みを次々に発表したのがアメリカのAI研究機関オープンAI（OpenAI）である。オープンAIは、2018年6月にトランスフォーマーの「デコーダー（復号器）」を応用したテキスト生成AI「GPT−1（Generative Pre-trained Transformer−1）」を発表するなど、グーグルとはまた異なったアプローチでAIを開発する企業であった。2019年12月に、約15億のパラメータからなる当時世界最大級の大規模言語モデル「GPT−2」を発表したかと思うと、わずか半年後の2020年7月には、約100倍の規模の1750億のパラメータからなる「GPT−3」を発表した。

オープンAIは、当初、特定の企業による影響を受けないAIの研究開発の発展を後押しするために、2015年にイーロン・マスク氏などが出資して設立された非営利組織であった。しかし、2019年3月その傘下に、開発したAI技術の社会実装を後押しする営利目的の会社として、マイクロソフトなどが10億ドルを出資し、オープンAI LP（Limited Partnership）が設立された。オープンAIによると 、Limited Partnershipとは投資家が将来、得られる利益を、出資額の最大100倍までに制限した出資方式である。オープンAIは、この出資の結果、GPT−3の開発に必要な資金を獲得し、グーグルが先行するかに見えた言語モデルの開発で、一躍、先頭グループに躍り出ることになった。

GPT−3は、インターネットで収集された570GBに及ぶ膨大なテキストデータを学習し開発されている。また、GPT−3は、モデルのサイズが100倍に巨大化したことで、GPT−2までの時代では思いもかけなかった画期的な機能が「発現」した。たとえば、わずか数例から学ぶ「フューショットラーニング（Few-shot Learning）」である。フューショットラーニングは、まるで、学生が例題を参考に練習問題を解いたりするように、「習う」ことができる。また、同じ凡例と質問の組み合わせであったとしても、返信は一様ではなく「ゆらぎ」があり、ある種の多様性を感じさせるため、GPT−3は、まるで人と対話しているように感じられることもある。

GPT-3は、与えられた入力文の「続き」を推測するという、シンプルな構造であるがゆえ、自由度が高く、世界中のユーザーが、数々の実験を行い、その可能性に驚いた。しかし、GPT-3には、大規模言語モデル特有の課題があることも次第に明らかとなった。GPT-3は、膨大なインターネット上のデータを取り込んだ結果、人が無意識のうちに抱いている偏見や偏りを反映した「AIバイアス」を持ち、時に倫理的に好ましくない応答を返す。十分なチューニングがされておらず、入力に対し、何の脈絡もない応答を返す場合もある。また、GPT-3の学習にはスーパーコンピュータのような巨大な計算機が必要であり、あまりに巨大なモデルであるため、推論時でさえ膨大な電力を消費する点も課題であった。しかし、GPT-3の成果は、フューショットラーニングのような想定外の機能を生んだことで、言語モデルが次の発展に向けた、新たな潮目を迎えつつある兆候として研究者の間では捉えられはじめた。

1.4

画像生成のブレークスルーと生成AIブームのはじまり

言語モデルがトランスフォーマーとモデルの巨大化により、新たな進化を迎える中、長らく実用性が乏しいとされてきた画像生成にもブレークスルーが起きようとしていた。オープンAIが2021年1月に公開した「DALL・E」である。DALL・Eは、言語モデルに革命を起こしたトランスフォーマーを画像生成に応用したモデルである。120億のパラメータからなり、画像とキャプションの関係を学習している。DALL・Eは、キャプションを学習した結果、入力文から想起される画像を生成できる。従来の画像生成モデル

図表 1.4–1　アボカドの形をしたアームチェア

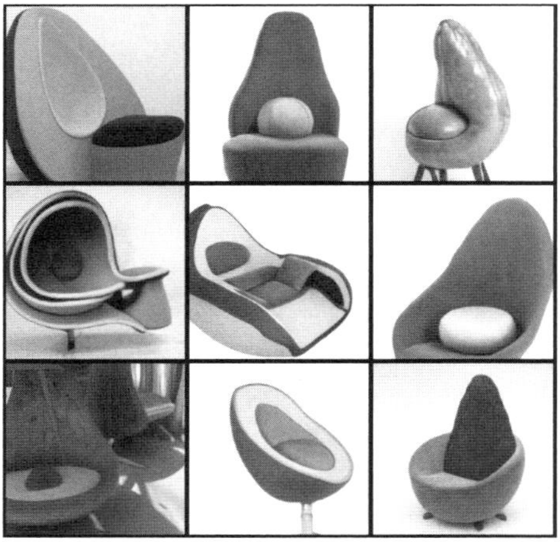

（出所）https://openai.com/research/dall-e

は、高度なフィルターの域を出なかったが、DALL・Eは、テキストから画像を生み出す「想像性」を持つ点が画期的であった。このため、DALL・Eの論文では、実際に「アボカドの形をしたアームチェア」を題材に、この世に存在しない摩訶不思議なデザインの椅子が生成され、研究者らは驚いた(図表1.4–1)。

そして、ついに、その日は訪れた。オープンAIから、2022年7月、DALL・Eを大幅に改良した「DALL・E2」と呼ばれるモデルが発表され、一部ユーザーに限定公開されていた中の2022年8月、イギリスのスタートアップ、スタビリティ AIが画像生成AI「Stable Diffusion」を公開した。ステーブルディフュージョンは、学習済みモデルを惜しげもなくインターネットで公開し、商用利用も認めたことから、エンジニアを中心に爆発的にユーザーを増やしていった。

ステーブルディフュージョンには、インターネットから収集した「画像」と「キャプション」のペアからなる50億のデータが活用され、フォトリアルな画像やアニメ風の緻密な画像をわずか数秒で生成する。写真を絵画風に変換する従来のAIと比べ、生成される画像の質やバラエティが劇的に向上し、一部のユーザーの間では写真の発明に匹敵するインパクトで捉えられた。同時期には、「ミッドジャーニー」と呼ばれる画像生成サービスも登場し、AIによる革新的な画像生成技術が登場したとしてテレビなどのメディアでもたびたび取り上げられ、生成AIブームがはじまるきっかけとなった。

1.5
ChatGPTの衝撃

オープンAIは、2022年11月30日、対話型生成AIサービス「ChatGPT」を公開した。同社の発表によると、ChatGPTは、質問応答や会話のような対話に合わせたチューニングが施された大規模言語モデルである。GPT-3を発展した2022年のはじめにリリースされた「GPT-3.5」をもとに開発されている。さまざまな改良が施されているが、中でも応答文の質の向上に大きく寄与したと思われるものが、人との会話のしくみを学習させたり、人の意図に沿った結果となるように、AIを調整したりした点である。ChatGPTは、このほか、倫理的に好ましくない内容を受け付けなかったり、自らも生成したりしないようフィルタリングする機能が組み込まれ、GPT-3の課題であったAIバイアスへの対策も実装されている。

オープンAIは、その後も、ChatGPTの改良を続け、2023年2月には有料版の「ChatGPT Plus」、2023年3月には、さらにモデルを改良したGPT-4を一般に公開するなどして、現在に至っている。ChatGPTは、インターネットとスマートフォンさえあれば、この新技術を体験できる「世界同時体験」に大きなインパクトがあったといえる。AIで先行していたはずのグーグルや、アマゾンなどのメガクラウドベンダーをはじめ、企業に与えた影響は大きく、生成AIブームは一気に過熱し、社会現象となっていった。

第 2 章
生成AIの主なテクノロジー

本章では、情報やコンテンツを新たに創造する生成AIに関連の深い技術にスポットを当てたい。まずは、文章生成の要となる技術の「自然言語処理」について紹介する。次いで、画像や音声、動画などのコンテンツ生成を可能にした技術の進化を追う。

2.1 自然言語処理

自然言語処理（NLP：Natural Language Processing）とは、コンピュータが人間の言葉（自然言語）を処理するための技術である。具体的には、われわれが日常生活で使用する話し言葉や書き言葉を、コンピュータに理解させ、人間の目的に沿うように処理させる技術のことを指す。自然言語処理は、本書で取り上げる「生成AI」の代表的な技術だが、今日のようにAIが世界的な注目を集める以前から、われわれのデジタル生活には欠かせない技術として発展し、さまざまな領域への応用が進められてきた。たとえば、グーグルなどが提供するインターネット検索エンジンや機械翻訳ツール、スマートフォンからも利用できる音声入力システムなどは、自然言語処理の代表的な適用例である。また、2016年頃から普及が進んだSiriやAlexaなどの対話型バーチャル・アシスタントは、言葉を理解し、適切な応答を生成する過程において、自然言語処理技術を複合的に組み合わせて実現されている。

本節では、自然言語処理の技術的な進化を追いながら、どのようにして現在の生成AIのトレンドに至ったのかを説明する。

2.1.1 自然言語処理のタスク

自然言語処理は、大別すると「応用タスク」と「言語解析タスク」のカテ

図表 2.1-1　自然言語処理タスクの例

カテゴリー	タスク	概要
応用タスク	機械翻訳	ある言語で書かれた文章を別の言語に翻訳するタスク
	文書分類	文書を任意のカテゴリーに分類するタスク
	文書要約	与えられた文章の要旨を短くまとめるタスク
	質問応答	自然言語で与えられた質問に対し、その答えを提示するタスク
	対話	自然言語で会話を行うタスク
	情報検索	特定のキーワードや条件に基づき文書やデータを探し出すタスク
	文章生成	コンピュータに文章を生成させるタスクの総称。機械翻訳、文書要約、質問応答、対話なども文章生成タスクの一種に数えられる
言語解析タスク	形態素解析	日本語のような単語が区切られていないテキストを単語列に分割し、品詞を同定する処理
	語義曖昧性解消	複数の語義を持つ単語の語義を特定する処理
	固有表現抽出	人名・地名・企業名などの固有名詞や、日付などを抽出する処理
	構文解析	文法規則に基づいて、語句の依存関係を抽出する処理
	述語項構造解析	述語を中心とした意味構造を抽出する処理
	意味解析	文の意味を解析し、論理式などの意味構造を抽出する処理

（出所）野村総合研究所

ゴリーに分けられる。応用タスクは実用上の目的や形態にあわせて定義されるタスクで、言語解析タスクは言語そのものの構造を解析するタスクを指す。主なタスクとしては、上記（図表2.1-1）が挙げられる。

言語解析タスクは、応用タスクを解くための部分問題にあたり、自然言語処理における基盤技術に位置づけることができる。深層学習を用いる手法が一般化する前は、「言語解析タスクで培われた技術的成果を組み合わせて、それらを適切にチューニングしながら応用タスクを解く」というやり方が、自然言語処理の基本的なアプローチであった。

◉自然言語の特性と処理の難しさ

自然言語は、コンピュータが扱うには難しい性質を持っている。その1つが言葉の持つ「曖昧性」だ。一例として「彼は手をあげた」という文を考えてみよう。この文は「彼は挙手をした」という意味だけでなく、「彼は立候補を表明した」もしくは「彼は暴力をふるった」とも解釈することができる。このように、単語や文の意味が、前後の文脈や状況によって変化する性質は、コンピュータにとって扱いが難しい問題だ。

また、自然言語が人間の「常識」を前提にしている点も、コンピュータにとっては難しい問題である。以下の会話文を例にとってみよう。

A「コーヒー飲む？」
B「明日、早いから」

このときのBの短い返答の中には、次のような意図が含まれている。

・コーヒーにはカフェインが含まれている
・人はカフェインを摂取すると、寝つきが悪くなる
・寝つきが悪くなると、睡眠が不足する
・睡眠が不足すると、早く起きられなくなる可能性がある
・明日は早く起きなければならないので、その可能性を排除したい
・以上の理由により、コーヒーは飲まない

人がこの意図を読み取るのをさほど難しく感じないのは、われわれが暗黙のうちに「常識」を共有しているからだ。しかしコンピュータに同じ理解をさせようとすると、コンピュータに「常識」の知識情報を獲得させた上で、適切な論理展開に基づく推論を行わせる必要がある。「常識」の明確な定義はなく、それをデータとして準備するタスクがどれほど複雑で膨大な仕事になるかは、容易に想像がつくだろう。このように、現実世界の「常識」をモデル化する手法は、自然言語処理の世界で長年にわたり研究されてきたテーマの1つである。他にも、多言語間の構造の違い、話し言葉と書き言葉の違いなど、自然言語には一筋縄では行かない性質が無数に存在している。自然

言語処理の研究はこれらの課題に対して、どうすれば高い精度で計算的に対処できるかを追究してきた歴史であった。

2.1.2 自然言語処理の歴史と進化

自然言語処理というアイデアは、コンピュータが生まれた1940年代からはじまったとされる。はじめは機械翻訳の実現を目指し研究が進められていたが、最終的な目標は「人のように言葉を理解し対話するコンピュータ」の実現であった。

◉文法理論とルールベースの時代

初期の自然言語処理を用いた有名な対話システムとして「イライザ(ELIZA)」が挙げられる。これは、1966年に当時マサチューセッツ工科大学の准教授であったジョセフ・ワイゼンバウムによって開発された、心理カウンセリングを模した対話プログラムである。当時としては自然な対話を行うことができ、チューリング・テスト（対話している相手に知性があるかを被験者に評価させる試験）をもパスするということで注目を集めた。しかし実態は、入力文に含まれる文字列のパターンを照合し、それに応じて用意された応答を返すだけという、極めて素朴なアルゴリズムで動作する対話システムだった。

この時期の研究は、自然言語の構造やパターンをルール化し、それをコンピュータに模倣させることに焦点を当てていた。イライザもその一例といえるが、言語学の知見に基づく文法理論や、辞書的なパターンマッチ技術を用いる手法は、長い間自然言語処理における主要なアプローチであり続けた。

このようなルールベースのアプローチは一定の成果を挙げつつも、自然言語の複雑さと多様性に対処するには限界があった。特に文脈に依存する意味の変動や、言語の細かなニュアンスを捉えることが難しく、この後ルールベースとは異なる新しいアプローチや考え方が模索されていった。

図表 2.1–2　テキストの特徴量変換の例

元データ

	テキスト本文
文書 A	私は自転車に乗る
文書 B	私は自転車が欲しい
文書 C	私はバイクに乗る

特徴量：One-hot encoding（単語の有無）

	私	自転車	乗る	バイク	欲しい
文書 A	1	1	1	0	0
文書 B	1	1	0	0	1
文書 C	1	0	1	1	0

特徴量：TF-IDF（単語の偏りを表すスコア値）

	私	自転車	乗る	バイク	欲しい
文書 A	0.333	0.528	0.528	0.000	0.000
文書 B	0.333	0.528	0.000	0.000	0.862
文書 C	0.333	0.000	0.528	0.862	0.000

（出所）野村総合研究所

●統計的自然言語処理の時代

1990年代の後半以降、コンピュータの性能向上と機械学習アルゴリズムの発展に伴い、大量のテキストデータから、その背景にある言語の規則性や確率を取り出す、いわゆる「統計的自然言語処理」と呼ばれるアプローチが主流になった。特に2000年代はインターネットが急激に普及した時代で、研究に使用できるテキストデータの総量が増加したことや、データ活用に対するビジネス側の機運が高まったことなどが、統計的自然言語処理のアプローチを後押しする要因になった。その結果、形態素解析や構文解析などの言語解析タスクや、情報検索や文書分類といった一部の応用タスクの領域で、実用レベルの成果が次々と発表されるようになった。

しかし、自然言語処理の応用タスクの中には、依然として実用レベルには達していない分野が多数存在し、さらなるブレークスルーの登場が求められていた。特に課題となっていたのは、自然言語の特徴量にまつわる問題である。特徴量とは、データが持っている情報を数値やカテゴリーなどの形式で表現したものを指す（図表2.1–2）。

統計的自然言語処理においては、機械学習アルゴリズムにデータを投入する際、テキスト情報をどのような特徴量に変換するかが、後続タスクの精度に大きく影響する。当時は、文書内の単語の出現有無（または出現頻度）をベクトル化する手法や、単語出現の偏りを表すスコア値を用いる手法などが主流であった。しかしこういった手法では、単語や語句が持つ「意味」までは捉えることが難しく、さまざまな応用タスクにおいて精度向上を阻む壁となっていた。

◉ニューラルネットへの注目

2013年のword2vecの登場は、統計的自然言語処理の問題に対して、1つの解を提示した。word2vecは、ニューラルネットを用いて単語埋め込み表現（word embedding、単語分散表現）という特徴量を獲得するための代表的な技術である。

この技術は、「文中の単語の意味はその周囲の単語によって形成される」という、分布仮説と呼ばれるアイデアに基づいて実装されている。具体的な処理としては、大量のテキストデータを入力情報とし、そこに出現する単語と、その単語の周囲に現れる単語の関係（コンテキスト情報）をニューラルネットで学習することで、単語の「意味」を表すベクトル情報を獲得することを目標としている（図表2.1-3）。

word2vecで得られた単語のベクトル情報は、意味や用法が似ている単語同士は近い位置に、対義語や関連の薄い単語は遠い位置に配置されるような特徴となって表れた。また、得られた単語ベクトル情報を用いると、以下のような意味的な計算ができるという、興味深い特徴も観測された。

「王」－「男性」＋「女性」＝「女王」

これは、獲得した単語埋め込み表現が、人間の感覚にかなり近いレベルで「意味」の情報を数値化できていることを示すもので、当時の自然言語処理の研究者に大きな衝撃を与えた（図表2.1-4）。そして、単語埋め込み表現を

図表 2.1-3　word2vec による単語埋め込み表現の獲得イメージ

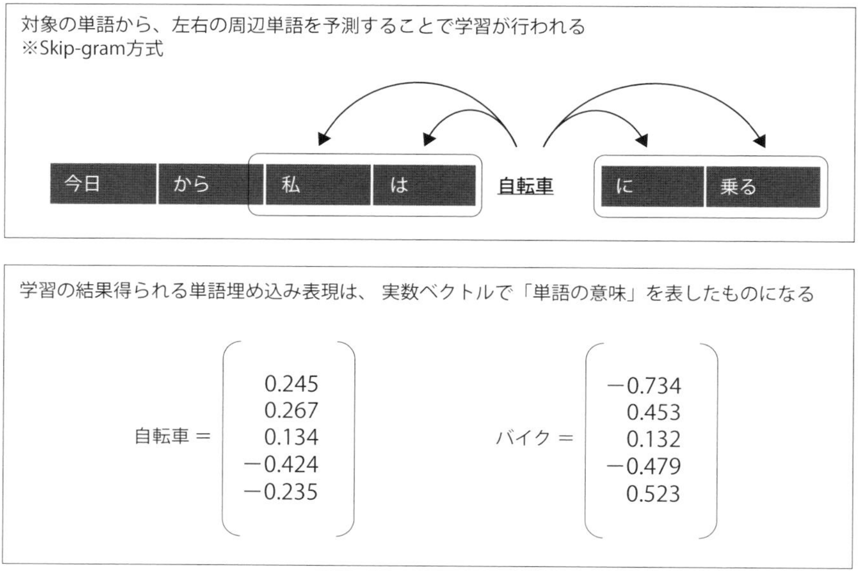

（出所）野村総合研究所

図表 2.1-4　word2vec で得られる「単語埋め込み表現」の特徴

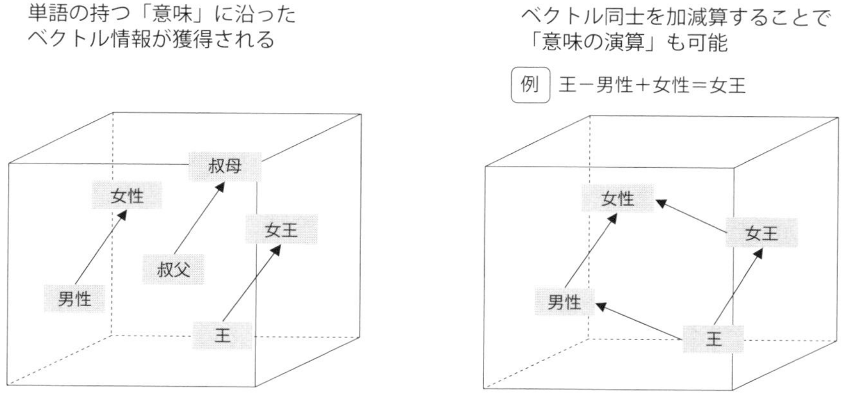

（出所）野村総合研究所

機械学習アルゴリズムの特徴量として用いることで、さまざまな応用タスクの精度が向上することも示された。単語埋め込み表現は、以降の自然言語処理タスクで標準的に用いられる、重要な言語解析技術の1つになった。

word2vecの登場は、自然言語処理研究において深層学習（ディープラーニング）のブームが本格化するきっかけになったともいわれる。画像認識や音声認識の分野ではすでに2012年頃から活用がはじまっていたが、当初、自然言語処理のような複雑なタスクへ深層学習を適用するのは難しいと考えられていた。しかし、わずか2層のニューラルネットで構成されたword2vecが大きな成果を挙げたため、多層のニューラルネットを使う深層学習ならば、より難しい自然言語処理タスクにも挑戦できるのではないかと期待されるようになった。

◉ニューラル言語モデルの時代

深層学習を用いた自然言語処理を理解する上で欠かせないのが、「言語モデル」という考え方である。言語モデルとは、人間が日常的に使用する自然言語において、次に出現する単語を予測するモデルのことだ。モデルとは、データから学習したパターンや関係性を表現するしくみや構造のことを指す。単語の予測ができるということは、それを繰り返せば文を生成できるということでもあり、今日の生成AIもこの言語モデルがベースとなっている(図表2.1-5)。

それまでも単語の出現確率を使った言語モデルは存在していた。しかし、ニューラルネットを用いた言語モデルのほうが性能面で圧倒的に優れていることがさまざまな研究から明らかになり、かつGPU（Graphics Processing Unit）の活用やアルゴリズムの改良により、課題であった計算コストの問題が低減されたことから、深層学習を用いた言語モデルが主流になっていった。

なお、ニューラルネットを用いた言語モデルは総称して「ニューラル言語モデル」と呼ばれるが、深層学習を用いた手法が一般化したため、今では「言

図表 2.1-5　単語の出現確率でモデル化した、言語モデルのイメージ

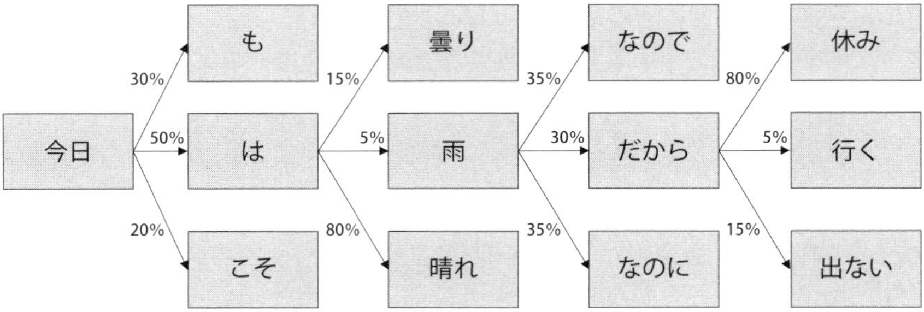

（出所）野村総合研究所

語モデル」というと「ニューラル言語モデル」を指すことが多い。

初期のニューラル言語モデルの研究では「文」のモデル化が取り組まれた。word2vecなどで得られるような単語埋め込み情報は文脈から切り離されているため、文章の流れは考慮することができない。そこで、文を単語の系列情報と捉え、時系列データに用いられるRNN（Recurrent Neural Network：再帰型ニューラルネットワーク）という深層学習の手法を使って、単語の出現順序を予測する言語モデルが考案された。この方法は一定の成果を挙げ、後にLSTM（Long Short-Term Memory）というRNNの改良版も提案された。

RNNのアイデアをさらに推し進めて登場したのが、「2文の対応関係」をモデル化する手法で、符号化復号化モデル（Encoder-Decoder Model）、または系列変換モデル（Sequence-to-Sequence Model、seq2seqモデル）と呼ばれる。この手法により、入力文に対して出力文を生成するタスク、たとえば機械翻訳（例：英語→日本語）、質問応答（質問→回答）、文書要約（原文→要約文）のような生成タスクへの応用が可能となった。続いて、この手法に注意機構（Attention Mechanism）と呼ばれるアイデアが導入され、機械翻訳タスクにおいて従来手法を上回る性能を発揮したため、自然言語処理研究におけるニューラル言語モデルの評価は、いよいよ確固たるものとなった。

◉トランスフォーマーの登場

そして2017年、グーグルの研究者らによって提案されたのが、第1章でも紹介したトランスフォーマーと呼ばれるアーキテクチャである。従来のRNNでは、単語系列を左から右に処理していく過程で、遠い距離にある単語の情報が勾配消失を起こしてしまい、長い文章になるほど関連性を捉えきれなくなるという問題があった。これに対し、前述の注意機構を発展させた自己注意機構（Self-Attention）というしくみを取り入れることで、文中のすべての単語ペアの対応関係を効率的に記憶し、遠く離れた単語の関係も直接考慮できるという成果が示された。この手法の登場により、RNNのしくみを使わなくても、文章内に現れる情報をより広範囲に捕捉できるようになり、従来よりもはるかに高い精度で、文章全体の意味をあらわすベクトル表現を獲得できるようになった。このトランスフォーマーの登場によって、「長い文章」をモデル化する手法が確立したといえる（図表2.1–6)。

また、トランスフォーマーのもう1つの重要な特長として、計算処理の効率性が挙げられる。トランスフォーマーは、RNNよりも計算量を抑えられるだけでなく、並列処理をしやすい構造的特徴があり、そのため大量のテキストデータを効率的に処理できる。この特徴は、後の言語モデル開発における「大規模化」というトレンドにつながっていく。

次のパートでは、トランスフォーマーを用いた言語モデルの2大巨頭である「BERT」と「GPT」について概説しながら、それぞれの言語モデルが自然言語処理研究にどのようなインパクトを与えたかを解説する。

◉BERT（Bidirectional Encoder Representations from Transformers）

BERTは2018年にグーグルの研究者らによって発表された言語モデルである。24層のトランスフォーマー・ブロックからなり、双方向の文脈情報を考慮する工夫がなされている。

BERTの学習は2段階に分かれている。まず、大規模なテキストデータを使用して「事前学習（pre-training)」を行う。この段階では、文中の単語を

図表 2.1-6　ニューラル言語モデルの進化の流れ

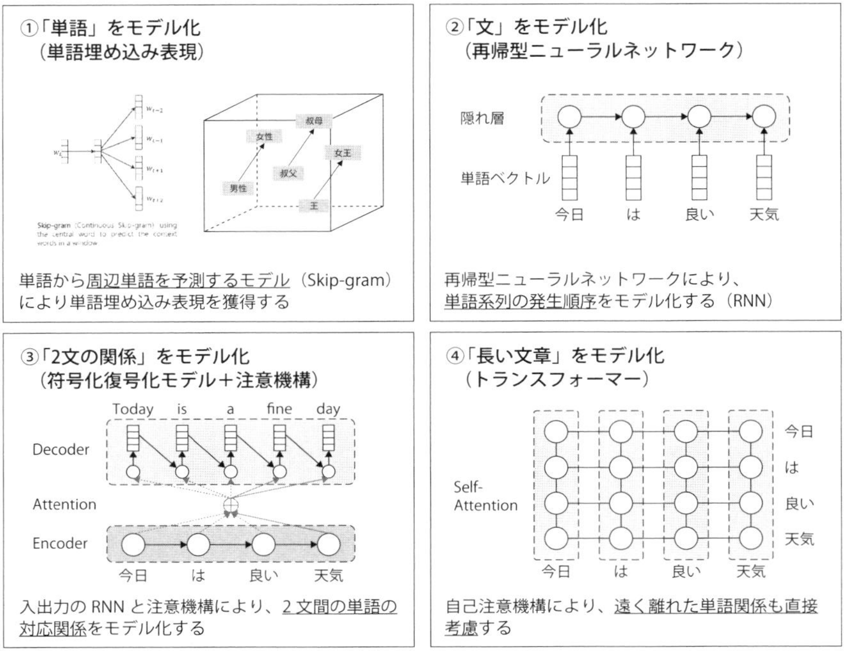

（出所）野村総合研究所

ランダムにマスクして答えを推定する穴埋め問題を解くタスクと、2つの文の連続性を予測させるタスクを同時に訓練する。この学習プロセスのポイントは、アルゴリズムが自ら問題を作成し、自らそれを解くというプロセスを繰り返しながら学習を行う点だ。このため、あらかじめ人間によるアノテーション（正解ラベル付け）等の作業を行う必要がなく、単にテキストデータを用意するだけで学習プロセスを開始することができる。このような手法を「自己教師あり学習」という。このプロセスによって、BERTは大量のテキストデータから汎用的な言語知識を獲得しようとする。

次に、作成した事前学習モデルに対して、特定のタスク向けのデータセットを用いて「ファインチューニング（fine-tuning：「微調整」の意）」を行う

図表 2.1-7　BERTのモデル構築の流れ

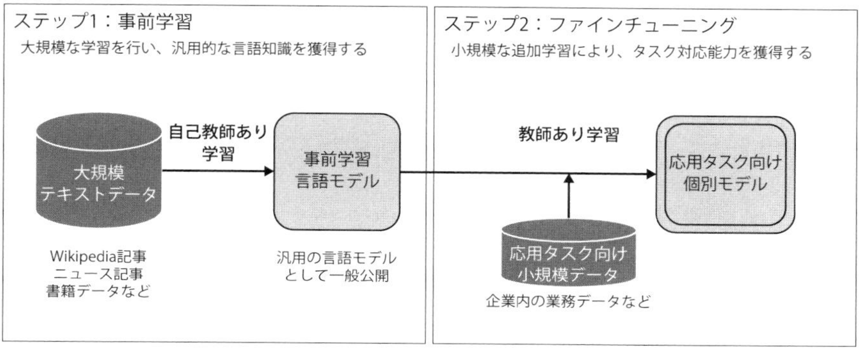

（出所）野村総合研究所

(図表2.1−7)。これにより、事前学習モデルを特定の応用タスクを解くためのモデルに変換することができる。この学習プロセスでは前段と異なり、人が作成した正解ラベル付きのデータの用意が必要になる。

BERTのアプローチは革新的で、自然言語処理における新たなスタンダードを確立した。その成果は大きく2つある。

1つめは、複数の応用タスクを解くことができ、それらが軒並み高精度だったことである。しかも一部のタスクでは、当時の自然言語処理の歴史が塗り替わるほどの飛躍的な精度向上を達成し、中には人間のスコアを超えるものもあった。この事実は当時の自然言語処理の研究者に大きなインパクトを与え、後の自然言語処理研究にBERTブームを巻き起こした。

2つめは、比較的小規模な追加訓練でモデルをカスタマイズできたことである。この成果は、多くの企業や研究機関にとって、BERTを自らのタスクや業務に導入する動機となった。従来の深層学習モデルは、特定のタスクや業務領域に適応させるために大量のデータと訓練時間を必要としていたが、BERTはすでに大規模なテキストデータで事前学習されているため、これを小規模なデータでファインチューニングするだけで、自分たちの目的に合った高性能なモデルを作ることができたからだ。

これらの成果により、医療、法律、金融、マーケティングなどさまざまな分野におけるBERTの実用化が進んだ。たとえば、企業内のデータに特化した情報抽出、文書分類、文書検索などのシステムは、BERTの導入によって性能を向上させた例が増加した。また、グーグルは2019年に自社の検索エンジンにBERTを導入し、ユーザーの検索体験の質を向上させたと発表している。

現在、BERTを改良した派生モデルは多数発表されており、たとえば「XLNet」「ALBERT」「RoBERTa」「DistilBERT」「ELECTRA」などが挙げられる。それらの手法を用いた事前学習モデルも、その多くが無償で公開されている。BERTは、専門領域に特化した言語モデルを作る用途では大変強力なアルゴリズムであり、現在でも多くの現場で活用されている。

◉ GPT（Generative Pre-trained Transformer）

GPTは2018年にオープンAI（OpenAI）によって考案された言語モデルで、BERTと同様にトランスフォーマーのアーキテクチャを基盤としている。BERTと異なるのは、トランスフォーマーの「デコーダー（復号器）」と呼ばれる部分だけを使用している点と、学習時に単方向（左から右へ）の文脈情報を利用するという点だ。この設計は、「文章生成のタスクに特化する」というGPTのコンセプトによるものである。

GPTの特長の1つはその文章生成能力の高さにあり、数々のベンチマークで当時の最高得点を達成している。2019年に発表された第2世代の「GPT-2」が生成する文章に至っては、人間とほとんど区別ができないレベルにまで到達していることがわかったため、悪用されるリスクをおそれたオープンAIがデモの公開をしばらくの間控えるほどであった。

GPTには、もう1つ重要な理論的特長がある。それは、トランスフォーマーをベースとした言語モデルにおいて発見された、「モデルのパラメータ数、学習データの量、学習にかける計算量の規模を増やすと、その増加に応じて性能が向上する」という性質である。この性質は2020年にオープンAI

図表 2.1–8　GPT、GPT–2、GPT–3 のパラメータ数と学習データサイズ

言語モデル	パラメータ数	データセットのサイズ	備考
GPT（2018 年）	1.17 億	4.5 ギガバイト	
GPT–2（2019 年）	15.42 億	40 ギガバイト	パラメータ数が、1.17 億、3.45 億、7.62 億、15.42 億の 4 つのモデルがある
GPT–3（2020 年）	1750 億	570 ギガバイト	パラメータ数が、1.25 億、3.5 億、7.6 億、13 億、27 億、67 億、130 億、1750 億の 8 つのモデルがある

（出所）野村総合研究所

の研究者らが発表した論文にちなみ「スケール則（Scaling Laws)」と呼ばれる。実際、GPTはバージョンアップの度にパラメータ数と学習データの規模を増加させ、それに伴ってモデルの性能も向上することを実証している(図表2.1–8)。

言語モデルにおけるスケール則の発見は、今日の「言語モデルの巨大化」というトレンドにつながっている。このため、BERTやGPT–2以降のとりわけ巨大なモデルに対し、従来の言語モデルと区別する意味合いで「大規模言語モデル（LLM：Large Language Model)」という呼称が使われるようになった。

GPTの進化は自然言語処理の研究者の間で常に関心の的だったが、特に大きな注目が集まったのは、2020年に発表された第3世代のLLM「GPT-3」からであった。GPT-3モデルの特筆すべき点はその桁外れな巨大さで、パラメータ数は1750億個（BERTの500倍以上、GPT-2の100倍以上)、事前学習に用いられたデータ量は570GB（GPT-2の14倍以上）に達している。そしてこの超大規模な学習の結果、生成タスクの精度が大幅に向上しただけでなく、想定外の結果として言語モデルに新たな能力が備わったことが、オープンAIの論文で明らかにされた。その能力とは、指示（プロンプト）の中で「例示」を与えるだけで、タスクの性能向上や、新たなタスクへの対応ができるようになるというものだ。このとき、例示を1つ与える場合を「one-

図表 2.1-9　few-shot での質問例

モデルはタスクの説明に加え、例示を読むことで振る舞いを変える。

日本語から英語に翻訳してください。：	タスクの説明
りんご→Apple 犬→Dog 海→Sea	例示
大学生→	解かせたいタスク

（出所）野村総合研究所

shot学習（one-shot learning）」、複数個与える場合を「few-shot学習（few-shot learning）」、逆に例示をまったく与えない場合を「zero-shot 学習（zero-shot learning）」と呼ぶ（図表2.1-9）。

プロンプトの中で例示を与える方法は、「モデルに正解データを与える」という点ではファインチューニングと同じである。しかし、学習のために大掛かりなモデルのパラメータ更新を必要とするファインチューニングに対して、パラメータを一切更新せず、推論処理の中でモデル自身に最適な振る舞いを「学習」させることができるという発見は、それまでの言語モデルの常識を覆すものだった。

プロンプトを工夫することでモデルの振る舞いをコントロールするテクニックはその後も数多く発見され、今日では「プロンプトエンジニアリング」という呼び名で一般にも浸透している。

またGPT-3では、当初想定されていなかったタスクを解く能力が発現したことも報告された。その一例として、数値計算の能力がある。GPT-3は、2、3桁程度の数字同士の足し算や引き算であれば8、9割の正解率で解けることが確認されている（図表2.1-10）。ただし問題の出し方には工夫が必要で、数式をそのまま渡すのではなく、あくまで文章生成タスクのフォーマットで解

図表 2.1-10　計算能力の「創発」を示すグラフ

GPT-3のパラメータ数と、計算問題の正解率の関係。
2桁の計算は130億パラメータ、3桁の計算は1750億パラメータで能力が発現している。

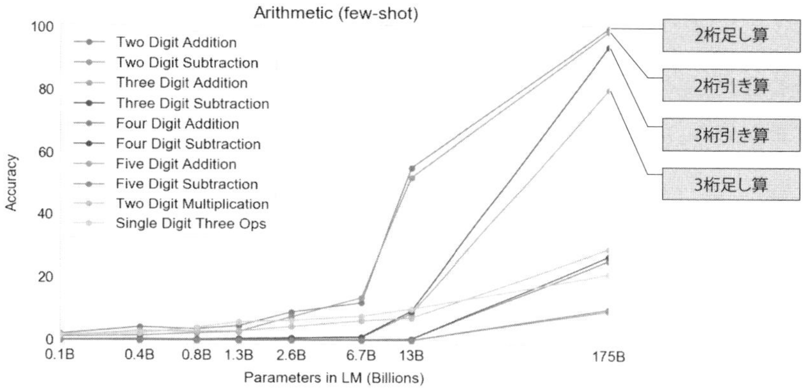

（出所）OpenAI「Language Models are Few-Shot Learners」Figure3.10
（https://arxiv.org/abs/2005.14165）

かせる必要がある。具体的には以下のような指示の仕方になる。

プロンプト　Q：What is 148 plus 176？ A：
予測文字列　324.

プロンプト　Q：What is 234 minus 253？ A：
予測文字列　－19.

研究者が調査をしたところ、GPT-3の学習データセットの中には3桁の足し算問題は17件、引き算問題は2件しか含まれていなかった。つまりGPT-3は、学習データ内に含まれる問題文と回答のペアを丸暗記して答えたわけではなく、実際に算術的な思考を行った結果としてこれらの答えを導いたことになる。

このように、学習規模を大きくしていく過程でAIが突然能力を開花させることを、人工知能分野の用語で「創発（emergence）」と呼ぶ。創発が発生するメカニズムはいまだ明らかになっておらず、研究者の間でも議論を呼んでいるが、このような現象の発見もスケール則と同様に、多くの言語モデルが大規模化を追求する理由の1つとなっている。

2.1.3 ChatGPTの登場

2022年11月30日に発表された「ChatGPT」は、自然言語処理の研究者の枠を飛び越えて、世界的に大きな反響を呼ぶことになった。なぜならば、ChatGPTは人々になじみの深いチャット型のAIサービスとして一般向けに公開され、これまで人々が体験したことがない「知的」なAIが高いレベルで表現されていたからだ。ChatGPTは公開からわずか2カ月で月間利用者数が1億人を突破しており、この記録はインターネットサービスの歴史上最速のペースといわれている。

ChatGPTは、前述のGPTモデルを基盤にした対話型AIプラットフォームである。ユーザーはChatGPTにさまざまな種類の指示を与えることが可能で、指示したタスクの処理結果は回答文として提供される。実は、ChatGPTが対応できるタスクの種類はオープンAIでも完全に把握されておらず、公開後にユーザーによって発見された事例がSNS等を通じて共有されるような状況であった。ここでは、実際にChatGPTを使って行えるタスクの一部を紹介する。

◉ChatGPTができること

ChatGPTで最も実用的に使用されているタスクとして、文章の執筆作業のサポートが挙げられる（図表2.1-11）。ChatGPTは、ユーザーからの指示に従って文の添削や加筆をしたり、感想やコメントを加えたりすることができる。また、文章を指定した文字数で要約することも、別の言語に翻訳することも可能だ。

図表 2.1-11　ChatGPTによる文書添削の例

プロンプト

以下の文章を添削してください：

我が国経済は2012年11月を底に緩るやかな回復基調が続いている。実質GDP成長率は、2014年度に消費税率引上げの影響もあってマイナスとなったものの、2015年度1.4%、2016年度1.2%と持ち直し、2017年度も4月から9月までの平均での前年度比1.9%となっている。また、名目GDPの実額は、2017年7–9月期で549兆円と過去最高へとなっている。

回答

以下は、提供された文章の添削版です：

我が国の経済は、2012年11月を底に、緩やかな回復基調を続けている。2014年度には消費税率の引き上げの影響で実質GDP成長率がマイナスとなったが、2015年度は1.4%、2016年度は1.2%と回復した。また、2017年度の4月から9月までの期間においては、前年同期比で1.9%の成長を見せている。さらに、名目GDPの実額は、2017年の7月から9月期に549兆円に達し、過去最高を記録している。

主な修正点は以下の通りです：

1.「緩るやかな」を「緩やかな」に修正しました。正しい形容詞の用法に直しています。
2.「持ち直し」を「回復した」としました。より自然な日本語表現に変更しました。
3.「実額は、2017年7–9月期で549兆円と過去最高へとなっている」を「実額は、2017年の7月から9月期に549兆円に達し、過去最高を記録している」としました。表現を明確にし、より流暢な文章になるように構造を調整しました。

（出所）ChatGPT（https://chat.openai.com/）※プロンプトは野村総合研究所によるもの

ChatGPTの文章生成能力を活かして、ゼロから文章を作成することもできる。たとえば、登場人物や舞台設定を与えると、それに基づいた「物語」を作り出すことができる（図表2.1-12）。ストーリーの形式や展開を細かく指定することも可能で、コメディ、怪談、SFなどのジャンル性を物語に反映することも難なくこなしてしまう。もちろん物語だけでなく、メールや手紙の文案、スピーチの草稿など、必要とされるシチュエーションにあわせて、さまざまなバリエーションの文章を作成することも可能だ。

また、自然言語だけではなく、プログラミング言語の解釈や生成も可能だ（図表2.1-13）。たとえば、処理の内容を自然言語で書き、どのプログラミング言語で記述するかを指定すると、実際にプログラム文を生成することができる。逆に、プログラム文を入力して、そこで行われている処理の内容を自

図表 2.1-12　ChatGPT による物語生成の例

プロンプト

次の条件で長編小説の序章を書いてください。

舞台：2023年の東京
主人公：ITコンサルティングファームで働くサラリーマン

回答

序章：幻影の都市

東京、2023年。未来の予感に満ち溢れながらも、古き良き伝統をしっかりと胸に刻んでいる都市。その心臓部で、朝の光が新宿の摩天楼に反射し、一日の喧騒が静かにその幕を開ける。スーツ姿の人波が地下鉄の出口から溢れ、人々は川の流れのように各々の行き先へと消えていく。

その中に彼もいた。名は青木俊介、30歳。ITコンサルティングファーム「イノヴェイト・パートナーズ」の一員で、彼の仕事は日々変わりゆく技術の波に乗り、クライアントに最適なソリューションを提供することだった。デジタルとアナログが交差するこの街で、彼は技術と人の橋渡しをする存在として、多忙ながらも充実した毎日を送っていた。

しかし、この日は何かが違った。秋の心地よい風が街を包み込む中、青木はふと、自分がただの歯車ではない何かを感じていた。スマートフォンの無数の通知を一瞥すると、彼の目は不意にひとつのメッセージに釘付けになった。件名にはただ「選択」と書かれていた。差出人は不明。普段なら迷わずスパムと断じて削除するところだが、彼は指を止め、深い直感が画面をタップさせた。

（出所）ChatGPT（https://chat.openai.com/）※プロンプトは野村総合研究所によるもの

然言語で説明させることや、異なるプログラミング言語に変換することも可能だ。ただし、生成されたプログラムが必ずしも正しく動作するわけではないため、正しいプログラミング知識による確認と検証は必須となる。

さらに、文章生成以外の自然言語処理タスクも、それなりの精度で行うことができる。たとえば、新聞記事のジャンルを推定する文書分類タスクや、レビュー記事のネガティブ・ポジティブを判定するセンチメント分析、表形式の数値データから着目すべき特徴を読み取って説明することなどもできる。また、形態素解析、構文解析、意味解析など、言語解析タスクをシミュレーションすることもできる（図表2.1-14）。

ChatGPTが示したこれらの能力とその性能は、自然言語処理の研究者たちにも大きな驚きを与えた。原理的にはテキストの続きを予測しているだけにすぎない言語モデルが、さまざまな種類のタスクに対し、当時の基準では

図表 2.1-13　ChatGPT によるプログラム生成の例

プロンプト

以下の条件で、Pythonのプログラムコードを生成してください。

処理の内容：N以下の整数の中から、Xの倍数またはYの倍数であるものの個数を求め、その結果をprintする。

回答

以下に、指定された条件に基づくPythonのプログラムコードを示します。

```
def count_multiples (N, X, Y) :
  # Xの倍数またはYの倍数の個数をカウントする変数
  count = 0

  # 1からNまでの数に対して繰り返し処理
  for i in range (1, N + 1) :
    # もしiがXの倍数、またはYの倍数ならばカウントを1増やす
    if i % X == 0 or i % Y == 0:
      count += 1

  # カウントした結果を出力する
  print (count)

# ここでN, X, Yの値を設定します。
N = 100  # 例えば、100以下の整数
X = 3   # 例えば、3の倍数
Y = 5   # 例えば、5の倍数

# 関数を実行して結果を表示
count_multiples (N, X, Y)
```

このコードは、'count_multiples' 関数内で、1からNまでの整数に対してループを行い、各整数がXかYの倍数であるかどうかをチェックしています。その条件を満たすものの個数をカウントして、最後にその結果を出力します。

ただし、これは基本的な実装であり、もしNが非常に大きい数値である場合には、より効率的なアルゴリズムを検討するべきです。例えば、数学的に算出する方法などが考えられます。それはXとYの最小公倍数（LCM）を計算し、それを利用して直接個数を求める方法です。

（出所）ChatGPT（https://chat.openai.com/）※プロンプトは野村総合研究所によるもの

考えられないほど高いレベルで対応できていたからである。何よりも、言語モデル単独ではまだ実現が難しいと思われていた人間の「常識」の獲得が、ChatGPTではある程度実現できているように見えたことは、多くの研究者にとって衝撃的な出来事だった。

図表 2.1-14　ChatGPT による形態素解析の例

プロンプト

以下の文章の形態素解析を行い、結果を半角パイプ区切りで表示してください：

近年、日本を取り巻く情勢は大きく変わり、社会変化のスピードが速まっています。

回答

形態素解析を行うには、解析ツールやソフトウェアが必要です。私の現在の機能としては、具体的な形態素解析ツールを使用することはできませんが、解析の一例として文章を分析することは可能です。

「近年、日本を取り巻く情勢は大きく変わり、社会変化のスピードが速まっています。」という文を、想像上の形態素解析を行ったとすると、以下のような結果が得られるかもしれません。

近年|、|日本|を|取り巻く|情勢|は|大きく|変わり|、|社会|変化|の|スピード|が|速まっ|て|います|。

ここで、各語句は次のような品詞に対応しています。

- 近年（きんねん）：名詞
- 日本（にほん）：名詞
- 取り巻く（とりまく）：動詞
- 情勢（じょうせい）：名詞
- 大きく（おおきく）：副詞
- 変わり（かわり）：動詞
- 社会（しゃかい）：名詞
- 変化（へんか）：名詞
- スピード：名詞
- 速まる（はやまる）：動詞
- て：助詞
- います：助動詞

（出所）ChatGPT（https://chat.openai.com/）※プロンプトは野村総合研究所によるもの

◉ InstructGPT

ChatGPTが公開時に使用したモデルは、前述のGPT-3を発展させた「GPT-3.5」というモデルに、さらに追加改良を施したものとされている。残念ながら、そこで加えられた具体的な改良内容について、オープンAIは詳細を明らかにしていない。ただしそのヒントは、2022年3月にオープンAIが発表した「InstructGPT」に関する論文から窺い知ることができる。

InstructGPTとは、GPT-3に見られたいくつかの問題点を解決するために考案されたモデルである。GPT-3は高精度に文章を生成できる一方で、時々「役に立たない文章」「不正確な文章」「非倫理的な文章」が生成されてしま

図表 2.1-15　InstructGPT の学習方法

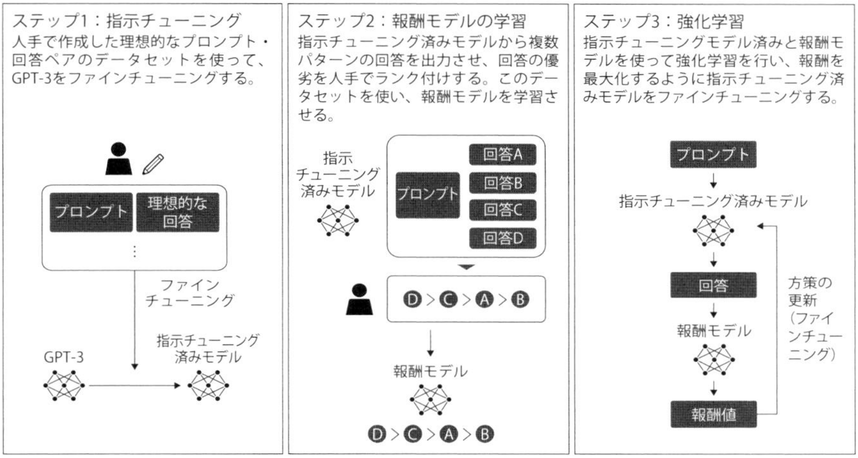

（出所）OpenAI「Training language models to follow instructions with human feedback」（https://arxiv.org/abs/2203.02155）Figure2 より野村総合研究所作成

うという問題を抱えていた。この問題は、GPT-3がインターネット上の膨大なテキストデータをほとんど無分別に学習しており、学習データに含まれる情報の正確性や倫理性までは選別の対象としていなかったことに起因している。このように、AIが人間の意図や倫理観と一致しない行動を起こす問題を「AIにおけるアラインメント問題（Alignment Problem）」と呼ぶ。

この問題を解決するためにオープンAIがとったアプローチは、人間からのフィードバックをモデル開発の手順に組み入れることだった。その概要は次の3ステップになる（図表2.1-15）。

ステップ1：人間が作成した質問文と回答文のペアを大量に用意し、言語モデルに対するファインチューニングを行う。これにより、入力に対してどのような応答をすればいいか、いわば「基本的な会話の作法」を学習させる。

ステップ2：ステップ1で改良した言語モデルに入力文を与え、複数パターンの応答例を生成。それらを人間の手で「有用性」「誠実性」「無害性」といった評価観点でランク付けし、そのデータをもとに「報酬モデル（Reward Model）」を構築する。これにより、「人間が好ましいと感じる応答」とはどういうものかをモデル化する。

ステップ3：ステップ2で構築した報酬モデルからより高い評価が得られるよう、言語モデルに繰り返し試行錯誤をさせ学習させる。これにより、言語モデルが「人間が好ましいと感じる応答」を選ぶようにチューニングを行う。

これらの戦略は狙い通りに作用し、言語モデルの受け答えにおいて実用性と安定性が顕著に向上することが確認された。この成果により、オープンAIは、学習元の膨大なテキストデータを細かく選別しなくても、言語モデルを人間の手で「矯正」することでモデルの品質を向上できることを証明した。学習データの大規模化には逆らわず、事後的にその能力を制御することでモデルの破綻や暴走を抑えられるという事実は、規模の追求というLLMのトレンドにとっても都合がよいといえる。それだけでなく、目的に特化した学習を行えば、特定の分野に強いモデルを構築できるという可能性も示唆されている。

オープンAIは、ChatGPTもこのInstructGPTのアプローチを踏襲して開発したと公表している。この手法の導入より、一般ユーザー向けの公開に堪える品質を確保できたことが、今日のChatGPTの成功要因となったことは間違いないだろう。

◉GPT-4

2023年3月、オープンAIはGPTの最新モデルである「GPT-4」を発表し、

ChatGPTの有料ユーザー向けに公開した。このバージョンではパラメータ数や学習データ規模に関する詳細は公表されていないが、従来のモデルよりもさらに巨大化させていることは間違いなく、パラメータ数は数千万から数兆と推定されている。その結果、GPT-4は前モデルのGPT-3.5と比べてタスクへの対応能力が格段に向上しており、ハルシネーション（不正確な情報をもっともらしく生成してしまう現象）の発生も低く抑えられている。GPT-4の能力を証明する例として、米国統一司法試験の模擬テストを解かせたところ、受験者の上位10%程度のスコアで合格したことも報告されている（GPT-3.5では、受験者の下位10%程度のスコアであった）。

また、画像入力に基づいて対話を行う能力も搭載されている。これにより、写真をもとにした会話、グラフ画像の解釈、画像内に含まれるテキストの読み取りなどができるようになった。この機能は、2023年9月から「GPT-4V」というバージョンでChatGPTの有料版ユーザー向けに公開されている。このバージョンでは、音声による対話機能も同時に提供されるなど、機能強化も意欲的に行われている。このように、テキスト以外の入力を受け付けるLLMは大規模マルチモーダルモデル（LMM：Large Multimodal Model）と呼ばれ、LLM開発における最先端の潮流となっている。オープンAIは今、LLMの分野において、圧倒的実力を誇る王者として君臨しているといえるだろう。

2.1.4 ChatGPTが与えたインパクト

ChatGPTがもたらした新しい体験と可能性に、世界は熱狂した。しかしその状況に危機感を隠さなかったのがグーグルである。

グーグルの中核ビジネスはインターネット検索サービスであり、その主な収益源は検索プラットフォームを通じた広告事業だ。彼らの提供する検索プラットフォームは、キーワードに関連するWebページをリスト化するだけで、利用者はそれらのページに自ら アクセスして情報を探しに行く必要がある。しかし、ChatGPTのような対話型AIプラットフォームは、利用者が知りたいことに対して直接的に回答を提供でき、しかもさまざまなタスクをチャット型インターフェース上で解決できてしまう。その便利さは、検索サービスのビジネスモデルを根底から破壊する可能性を秘めていた。

また、グーグルは以前から自然言語処理技術に莫大な研究開発投資をしており、独自のLLMの研究開発にも取り組んでいたが、ChatGPTの爆発的なヒットには完全に後れをとっていた。2022年12月の米紙『ニューヨーク・タイムズ』の報道によれば、この事態を重く見たグーグルの幹部は、社内に対して「コード・レッド（非常事態）」を宣言したといわれている。

◉大規模言語モデル開発競争の激化

グーグルは2023年3月に、ChatGPTの対抗馬として、対話型AIプラットフォーム「Bard（バード）」を公開した（図表2.1-16）。初期のBardはグーグルが開発したLLM「LaMDA」をベースにしたといわれ、当初は公開地域がアメリカとイギリスのみ、対応言語も英語に限定されていた。しかし翌月には新たなLLMである「PaLM」、さらにその次の月にはPaLMの次期バージョンである「PaLM 2」と、ベースとするモデルの切り替えを矢継ぎ早に実施した。2023年12月現在、あくまで「試験運転」という位置づけのままではあるが、Bardは全世界に一般公開されているだけでなく、対応言語も40カ国語以上に拡大している。

また、AI開発のスピードを加速させるため、当時「Gopher」「Chinchilla」「Sparrow」といったLLMの開発を手がけていた傘下のAI関連企業ディープマインド（DeepMind）社と、グーグルの研究開発部門のAI研究チーム「Google Brain」とを統合し、新たにGoogle DeepMindというCEO直轄の研究開発組織を立ち上げた。この組織では、GPT-4の対抗馬となる「Gemini」というAIモデルの開発が行われており、2023年12月6日にその一部のバージョンがリリースされた。GeminiはGPT-4Vと同じ大規模マルチモーダルモデルであり、グーグルが公表した技術レポートによると、Geminiの最上位モ

図表 2.1-16　Bard の画面（2023 年 11 月時点）

（出所）Bard（https://bard.google.com/chat）

デル「Gemini Ultra」は、複数のベンチマークスコアでGPT-4Vを上回る成績を出したという。このモデルの登場がグーグルにとっての起死回生の一手となるか、その勝負のゆくえに注目が集まっている。

グーグルに限らず、他にも多くの企業や研究組織がLLMの開発に乗り出しており、その競争は日々激化している。代表的なところでは、Anthropicの「Claude」シリーズ、BigScienceの「BLOOM」シリーズ、メタ（旧フェイスブック）の「LLaMA（Llama)」シリーズ、スタンフォード大学の「Stanford Alpaca」などがある（図表2.1-17）。

◉中国における大規模言語モデル開発

英語以外の言語資源を用いたLLMも増えている。中国ではBATH（B：バ

図表 2.1–17　ChatGPT 以降の主要な大規模言語モデル（2023 年 12 月時点）

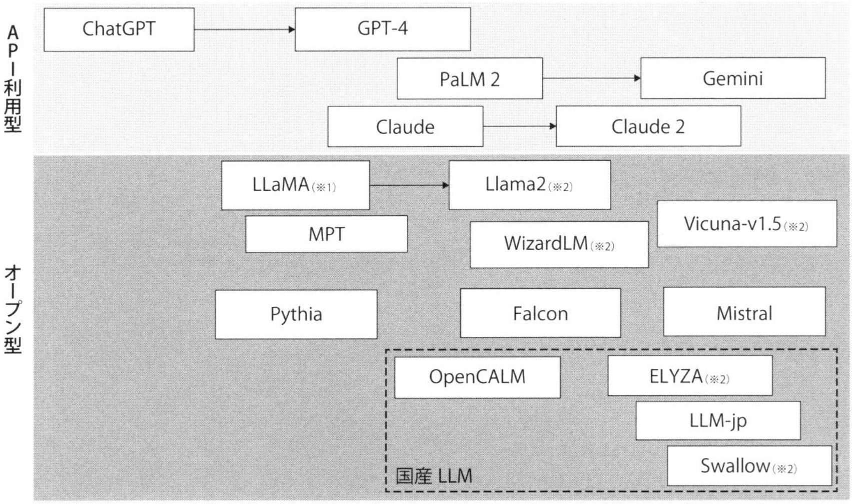

（※ 1）ローカル環境で利用可能だが、商用利用は不可
（※ 2）2023 年 7 月 18 日時点で所有する製品・サービスの月間アクティブユーザーが 7 億人を超える場合、商用利用に関しては別途 Meta 社にライセンス付与を依頼する必要がある
（出所）野村総合研究所

イドゥ、A：アリババ、T：テンセント、H：ファーウェイの頭文字をとったもの）と呼ばれるメガテック企業を中心にLLM開発の覇権争いがすでにはじまっており、中国国内ではすでに100以上のLLMが公開されているという報道もある。また、アメリカによる半導体技術の輸出規制の影響で、生成AIの学習に必要な機器が不足している事情もあり、国策として半導体開発を推進する動きも見られる。一方で、中国は政府見解と異なる情報の流通に目を光らせており、AIが生成するテキストも監視の対象となるため、文章生成の分野では各社共にやや慎重な姿勢が見られる。LLMという巨大な技術革新の可能性を前にし、国と企業の間で微妙な駆け引きが行われている状況だ。

◉日本における大規模言語モデル開発

日本語に特化したLLMも着実に増えつつある。例としては、LINEの

「japanese-large-lm」、サイバーエージェント社の「OpenCALM」、rinna社の「japanese-gpt-neox-3.6b」、ELYZAの「ELYZA-japanese-Llama-2-7b」、プリファードネットワークスの「PLaMo-13B」などが挙げられる。ただしChatGPTは公開当初から流暢な日本語による対話能力を備えていたこともあり、これらの言語モデルの一般への認知度はそれほど高くないのが現状のようだ[1]。

しかし、ChatGPTが日本語で利用できるからといって、日本語に特化したLLMの開発が不要になるかというと、決してそうではない。オープンAIが公開している統計によると、GPT-3が学習に使用したデータセットは92%が英語のデータで、日本語のデータはわずか0.16%にすぎない（GPT-3.5およびGPT-4の統計情報は公開されていないが、その比率は大きくは変わらないと推定される）。そのためか、ChatGPTに日本語で指示した場合のタスクの精度は、英語で指示した場合と比べてやや精度が劣ると指摘されており、言語によるユーザー体験の格差が生じている。また、日本の社会や文化についてのChatGPTの回答は、一部表面的であったり、正確さを欠いている場合があるとも指摘されている。たとえ将来的にこれらの問題が解決されたとしても、海外の一企業がわれわれの国に関するAIの知識を握る現状は、望ましいとはいえないだろう。

日本におけるAI開発を推進するため、政府は新たな方針を打ち出している。経済産業省は、AIの計算基盤構築を手がける国内企業を後押しするため、対象となる事業者に助成金を交付することを決定しており、これまでにさくらインターネット、ソフトバンク、創薬支援サービスを手がけるゼウレカがその認定を受けている（2023年11月時点）。また、経団連は2023年6月に発表した「AI活用によるSociety 5.0 for SDGsの実現に向けて」の中で、国として最先端AIの独自開発能力を持つ必要性を訴え、国立研究開発法人

1　野村総合研究所が2023年10月に日本人の一般就労者2000人を対象に実施した「AIの導入に関するアンケート調査」によると、日本語に特化したLLMの認知度は平均で11.6%であった。

が有する大規模データ資源を開放し、産学官で連携してAI開発を推進するべきと提言している。

その動きはさっそく出はじめている。東京工業大学、東北大学、富士通、理化学研究所は2023年5月、スーパーコンピュータ「富岳」を活用して1700億パラメータのLLMを開発し、2024年度から国内企業などに無償で提供する計画を公表した。国立研究開発法人情報通信研究機構（NICT）は2023年7月、独自に収集した350 GBの日本語Webテキストを用いて400億パラメータのLLMを開発したことを明らかにした。さらに1790億パラメータのモデルの学習も進行中であることが公表され、これらの成果は民間企業や大学との共同研究を通して発展させていく方針とのことである。国立情報学研究所（NII）が主宰する産学横断のLLM勉強会（LLM-jp）は、2023年10月、初期の成果として「LLM-jp-13B」という130億パラメータのモデルを公開した。すでに産業技術総合研究所（AIST）や東京工業大学と協力して1750億パラメータのモデルの開発に着手したことも公表されており、成果に期待が集まっている。

◉自然言語処理の研究者が直面している課題

世界的にLLMの開発競争が過熱する一方で、自然言語処理の研究者からは新たな課題も指摘されている。その1つが、研究開発にかかるコストの増加である。

LLMの開発には莫大な計算資源が必要である。オープンAIのサム・アルトマンCEOは、2023年4月にマサチューセッツ工科大学で開催されたイベントにて、「GPT-4の開発にかかった金額は1億ドル（約140億円）か」と問われ、「それ以上だった」と答えている。これは一般的な研究組織では手の届かない規模である。言語モデルの巨大化のトレンドが今後も続くとすれば、その開発金額もさらに高騰していくことが予想される。

また、LLMに前述のスケール則が適用されるという事実は、言語モデルの優劣が「どれだけお金を払ったか」で決まってしまうことを意味している。

すでに地道な学術研究の成果よりも、世に出ている商業的サービスのほうが高精度であるという現状があり、多くの自然言語処理研究がその意義を問い直される事態になっている。

加えて、研究のオープン性の低下という課題も指摘されている。近年、LLMの領域では、オープンAIやグーグルを筆頭に、研究内容やモデルの詳細を秘匿する傾向が見られる。これは必ずしも競争上の理由からではなく、研究の内容や開発テクニックが不正な活動に悪用されないための安全上の措置ともいわれている。しかし歴史上、自然言語処理技術の発展は研究のオープン化によって後押しされてきた面が大きいため、このような傾向は自然言語処理研究全体の発展を阻害するのではないか、といった懸念も示されている。

オープンAIやグーグルの動きとは逆に、研究成果を広くあまねく公開する、オープンソース化の動きも一部では見られる。中でもひときわ存在感を放っているのが、フェイスブックやインスタグラムを展開するメタが開発した「Llama2」である。Llama2は、一部のベンチマークでGPT-3.5に匹敵する性能を出すほどの良質なLLMでありながら、ソースコードやネットワーク重み情報まですべて無料で公開されており、しかも商用利用や自由なカスタマイズが許可されている[2]。Llama2をベースにしたカスタマイズモデルは数多く発表されており、たとえば東京大学発の AIスタートアップ企業であるELYZAが公開した日本語LLM「ELYZA-japanese-Llama-2-7b」も、このLlama2がベースになっている。また、Llama2とそのカスタマイズモデルは、少ない計算資源（GPUマシン1台）でも動作するという手軽さから、小規模なスタートアップや個人プログラマーなど、技術感度の高いユーザーに好んで使われている。画像生成AIの分野で人気を集めたStable Diffusionの例のように、ユーザーコミュニティからLLMの新しい活用法や研究の突破口が

2　所有する製品・サービスの月間アクティブユーザーが7億人を超える場合、商用利用に関しては別途メタ社にライセンス付与を依頼する必要がある（2023年7月18日時点）。

見出される可能性があり、注目すべき動向となっている。

◉大規模言語モデルの未来

ChatGPTの登場以降、自然言語処理を取り巻く状況は大きく変化した。自然言語処理の研究が辿った長い歴史の中でも、これだけ短期間のうちに世界的なブームが起こり、国家レベルで対策が議論されるような状況はかつてなかった。しかも今のところ、LLMのスケール則には限界が見えていない。当面はさらなる性能向上が期待できる状況であり、今後の開発競争の行き着く先がどのような形になるかは、まったく予測できない状況だ。

自然言語処理の研究者が半世紀前に夢見ていた「人のように言葉を理解し対話するコンピュータ」の実現は、昨今のLLMによってほぼ達成されつつあるといってよいだろう。この延長線上に汎用人工知能の開発が実現するかどうかはまだわからないが、少なくとも現時点ではその可能性が最も高い技術テーマであることは間違いなく、その動向に対する世界的な関心も日増しに高まっている。

2.2 画像・音声・動画の生成AI

生成AIとは、情報やコンテンツを新しく生み出す人工知能の技術である。昨今話題のChatGPTは主にテキストを生成するが、画像、音声、動画、データなどを作り出すことができる生成AIもある。機械がテキストを生成する技術のことを「自然言語生成」と呼ぶ。自然言語生成技術の歴史は古く、1983年にKaren Kukichによって、株価市場に関するレポートを自動生成する研究がされている。また、イギリスのアバディーン大学では、1990年代後半から新生児の生体信号データの内容を言葉として生成し、医療スタッフに報告することで意思決定を支援する「Baby Talk」プロジェクトを実施している。これらの研究は、知識ベース[3]とテンプレートを組み合わせることで、自然言語の生成を実現していた。画像生成や音声生成などについても同様で、昨今のディープラーニングやトランスフォーマーの技術によってはじめて実現されたわけではない。本節では、自然言語以外の画像・音声・動画を生成する技術の歴史やサービスの進化について紹介する。

2.2.1 画像生成AIの歴史と進化

◉初期の画像生成AI技術とは

初期の画像生成技術は、単純なアルゴリズムを使い画像を生成していた。その一例として、「フラクタル画像」が挙げられる。フラクタルとは、フランスの数学者であるブノワ・マンデルブロが考案した造語で、ラテン語の「fractus（半端な・破片）」に由来した言葉である。自然界には一見複雑な図形に見えて、ある一部分を拡大すると元の図形と同じような形が現れるものがある。たとえば、カリフラワーの一種であるロマネスコは、その一部を拡大すると全体のロマネスコに似ていることがわかる。ロマネスコは小さなロマネスコの集合体で構成されているように見えるわけだが、このように拡大しても同じ形が現れる特徴のことを「自己相似性」と呼ぶ。マンデルブロは、この自己相似性を持つ図形のことを「フラクタル」と名付けたのである（図表2.2−1）。

フラクタル画像は数式から人工的に画像を生成することができ、そのパラメータを変えることで、さまざまな模様や色の画像を作ることができる。フラクタル画像以外にも、複数の画像を合成して新しい画像を生成したり、画像の色調（明度、彩度、色温度、コントラストなど）を補正して新たな画像を作ったりする手法もあり、これらはコンピュータグラフィックスやデジタ

3　知識ベースとは、特定の領域の情報を整理して検索を可能にしたデータベースのこと。

図表 2.2-1　フラクタル構造を持つロマネスコ（左）とフラクタル画像例（右）

（出所）Pixabay（https://pixabay.com/ja/）

ルアートの領域で活用されてきた。

●生成AIが注目される契機となった「敵対的生成ネットワーク（GAN）」

2018年10月にオークションハウスのクリスティーズに「Edmond de Belamy, from La Famille de Belamy」というタイトルの肖像画が出品され、43万2500ドルで落札された（図表2.2-2）。日本円にすると、当時の為替レート（1ドル＝112円）で、約4,844万円に相当する。この肖像画は、パリを拠点とするアートグループ「Obvious」がAIを用いて制作したものであった。クリスティーズは、AIアート作品を競売にかけた世界初のオークションハウスであると話題になったが、この肖像画で使われたAIの手法が、「敵対的生成ネットワーク（GAN：Generative Adversarial Network）」である。

GANは、2014年にカナダのモントリオール大学の学生であったイアン・グッドフェローらによって考案された手法で、画像や音声などを作り出すAI（生成器）と、それが本物か作り出されたものかを判別するAI（識別器）とを競い合わせることで、より本物に近いデータを生成する技術である。ディープラーニングの父と呼ばれるAI研究者のヤン・ルカン博士はGANについて、「機械学習において、この10年で最も興味深いアイデアだ」と高く評価している。初期の画像生成技術で作られた画像は、精度の低さや、独自

図表 2.2-2　AI で描かれた肖像画「Edmond de Belamy」

（出所）https://obvious-art.com/portfolio/edmond-de-belamy/

性が乏しいという問題があった。GANはこの問題を解消するブレークスルーとなり、“AIが高精度な画像を新たに生み出せる”ことを世に知らしめたのだ。現在、大きなブームとなっている「生成AI」が注目される契機となった重要な技術だといえるだろう。

◉生成したい画像を言葉で指示する「Text-to-Image」の衝撃

テキストの意味を理解し、その内容に沿って画像を生成したり編集したりする技術のことを「Text-to-Image」と呼ぶ。前述のGANの技術の発展に伴い、2016年ごろから研究が盛んになった。代表的な手法として、StackGAN（Stacked Generative Adversarial Networks）や、AttnGAN（Attentional Generative Adversarial Network）を挙げることができる。

アメリカの人工知能研究所であるオープンAIは、2022年1月に「DALL・E」を発表した。DALL・Eは、テキストの説明から画像を生成するようにトレーニングされた画像生成AIである。オープンAIは、2020年7月にパラメータ数が最大で1750億の大規模言語モデル「GPT−3」を発表した。このGPT−3にはいくつかのパラメータ数のモデルが存在し、DALL・Eは120億パラメータ数のGPT−3がベースになっている。言葉で生成したい画像を指示できるので、現実には存在しそうもない造形のものでも画像生成できる。DALL・Eを紹介するサイトでは、「アボカドの形をしたアームチェア」や「ハープでできたカタツムリ」のようなテキスト（指示）から生成された、実在しそうもない画像を掲載している（図表1.4−1、図表2.2−3）。

オープンAIは、2022年4月にDALL・Eの改良版である「DALL・E2」を発表した。DALL・E2は、前バージョンよりも写実的で、4倍の高解像度の画像を生成できるようになった。ネスレ・フランスでは、自社の乳製品ブランドイメージに使っているヨハネス・フェルメールの絵画「牛乳を注ぐ女」の画像について、絵画のフレーム外のシーンを画像生成AIが創造する動画を公開した（図表2.2−4）。この画像拡張はDALL・E2を使って生成したもので、本物のような質感や独自性が大きな話題となった。

2022年はDALL・E2以外にも高性能な画像生成AIツールやサービスが複数登場しており、画像生成AI元年と呼ばれている。代表的なものとして、アメリカ・サンフランシスコを拠点とするMidjourney（ミッドジャーニー）が提供する「Midjourney」と、イギリスを拠点とするスタビリティ AI（Stability AI）が提供する「Stable Diffusion」を挙げることができる。

Midjourneyは、2022年7月にβ版を公開したText-to-Imageの機能を提供する画像生成AIサービスである。オープンAIのDALL・E2は、当初限定されたユーザーにしかサービスを公開しておらず、待機リストに登録してサービスの利用開始を待っているユーザーが大勢存在していた。しかし、Midjourneyはユーザー登録をすれば、すぐに利用できる上に、無償でサービスを利用できるプランもあったため、多くの一般ユーザーによる高品質な生成画像がSNSで紹介され、大変注目を集めることになった。

Stable Diffusionは、ルートヴィヒ・マクシミリアン大学ミュンヘン（ミュンヘン大学）のCompVis グループ（ロビン・ロンバッハ氏とパトリック・

図表 2.2–3　オープン AI の DALL・E で生成された画像

ハープでできたカタツムリ

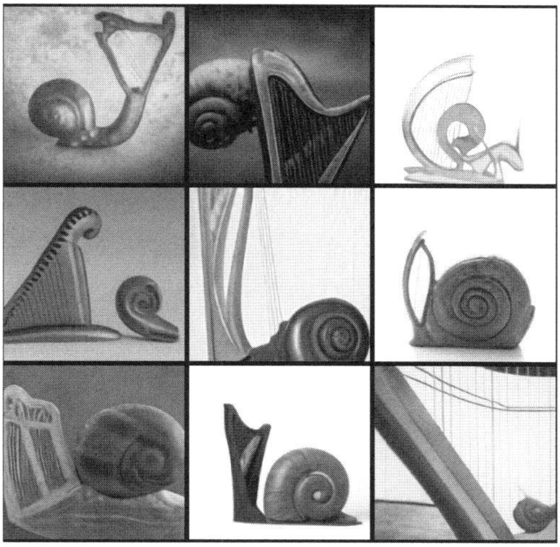

（出所）https://openai.com/research/dall-e

図表 2.2–4　ネスレ・フランスの画像拡張技術を用いた動画広告

（注）白枠内がフェルメールの「牛乳を注ぐ女」で、白枠外が生成 AI で拡張した画像
（出所）https://www.youtube.com/watch?v=nvGYqGsST6w

エッサー氏ら）の研究により生まれたもので、CompVis LMU（ミュンヘン大学）、スタビリティ AI、ランウェイ（Runway）が共同で開発し公開した画像生成AIプログラムだ。Stable Diffusionは、潜在的拡散モデルと呼ばれる画像生成の手法が用いられている。この手法は、オリジナルの画像や音声に対しノイズを加えたデータから、元のデータを復元するアイデアに着想を得たものである。この画像生成AIの学習には、ドイツの非営利団体「LAION（Large-scale Artificial Intelligence Open Network）」によって収集された、約23億枚の英語の説明文（テキスト）付きの画像セットや、「LAION-Aesthetics」と呼ばれる画像の美しさの評価が付けられた画像セットなどが使われている。そして、これらの大量データを256個のGPU（NVIDIAのA100）で処理し、GPU合計で15万時間、金額にして約60万ドル相当の計算処理が行われ、Stable DiffusionのAIモデルは開発された。

Stable Diffusionは、スタビリティ AIがサービスとして提供している「DreamStudio」で使えるだけでなく、AIモデルがオープンソースとして公開されているので、ユーザーが自分でStable Diffusionを稼働させる環境を用意して利用することも可能だ。8GBのVRAM（GPU上のメモリ）を搭載した一般消費者向けのGPUでも実行できるので、利用料金を気にせずに大量の画像を生成したい個人ユーザーに人気がある。また、Stable Diffusionをベースに追加学習させて新しいAIモデルを開発し、自社のサービスに活用する企業も多数登場している。

AI領域に特化した日本のスタートアップスタジオAIdeaLab傘下のAI Picassoは、2022年8月にテキストや簡単な下絵から画像を生成できるAIお絵描きアプリ「AIピカソ」の提供を開始した。AIピカソは、Stable Diffusionをベースに開発され、スマートフォンアプリとして提供されている。そして同社は、2023年9月にアニメやマンガのようなAIアートに特化した画像生成AI「Emi（Ethereal master of illustration）」を無償公開した。Emiは、2023年7月に公開された次世代のStable Diffusionである「Stable

Diffusion XL 1.0」をベースにしている。特徴としては、無断転載画像を使わずに追加学習をしていることと、生成した画像が商用利用可能であることだ。スタビリティ AIやミッドジャーニーなどは2023年1月に、著作権で保護された画像を許可なく画像生成AIの学習に使ったという理由で、アメリカで著作権侵害の集団訴訟を受けている。今後の訴訟リスクを考えると、権利処理が正しく行われている画像生成AIのほうが、ユーザーは自社のビジネスに活用しやすい。Emiで取り組まれているようなクリーンな画像生成AIの取り組みは、今後ますます増えていくだろう。

2.2.2 活用と悪用がはじまった音声生成AI

◉初期の音声合成技術とは

機械を使って人工的に音声を発する研究の歴史は古く、18世紀末にはハンガリーの貴族ヴォルフガング・フォン・ケンペレンが「スピーキングマシン(話す機械)」を開発している（図表2.2-5）。このスピーキングマシンは、人間の音声器官の一部を模倣した作りになっており、手動で圧縮した空気を送り込み、空気が出る部分の形状を指で操作し変えることで、音声を発していた。1930年代には、アメリカ・ベル研究所の物理学者ホーマー・ダドリーが、世界初の電子音声合成器「Voder（Voice Operating Demonstrator)」を発明した。ダドリーはVoder に先駆けて、音声の特性を捉えて効率的に圧縮し伝送するための技術「Vocoder（Voice Encoder)」を開発しており、伝送された信号を元の音声信号に戻す処理を応用したのがVoder になる。Voderは、オペレーターがキーボードとフットペダルを使い、発する音声をコントロールする作りになっており、1939年に開催されたニューヨーク万国博覧会で披露され、大きな反響を呼んだ。

◉テキスト音声合成（Text-to Speech）技術の進化

音声合成には、文節程度の単位で録音した音声を組み合わせて再生するこ

図表 2.2–5　ヴォルフガング・フォン・ケンペレンの「スピーキングマシン（話す機械）」

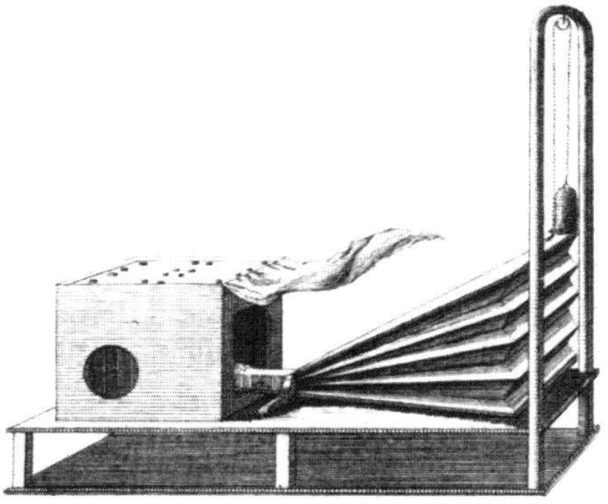

（出所）https://www.coli.uni-saarland.de/~trouvain/Kempelen-Web_2017_07_31.pdf

とで文章を読み上げる「録音編集方式」と、単語より小さな音素や音節などの単位で音声を扱う「テキスト音声合成方式」がある（図表2.2–6）。録音編集方式は、実際に録音した音声を用いるため自然な声になるという長所があるが、利用する単語すべてをあらかじめ録音しておく必要があるため、任意の文章を読み上げることは難しいという短所があった。

テキスト音声合成方式には、「規則合成方式」と「コーパスベース合成方式」の2つの方式がある。規則合成方式は、音響的・言語的な知見に基づいてテキストから音声を合成するやり方で1980年代に実用化された。任意の文章を読み上げることはできるが、機械的な音声になり自然な人間の声を表現することが困難であったため、活用が限定的であった。コーパスベース合成方式は、大規模な音声データベース（音声コーパス）を構築し、それに基づいて合成音声を生成するやり方になる。

コーパスベース合成方式は、「波形接続型合成方式」と「統計モデル型合成方式」に分けることができる。波形接続型合成方式は、1990年代から2000年代前半にかけて研究が盛んだった手法で、話者の音声を大量に録音しその音声データベースから音声波形を選択し接続することで音声合成を実現する

図表 2.2-6　テキスト音声合成（Text-to Speech）技術の進化

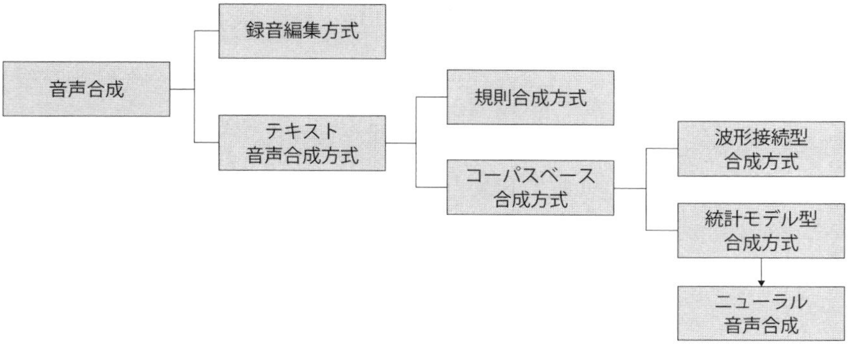

（出所）野村総合研究所

やり方だ。音声の接続部分での音質劣化が目立つ傾向があり、多様な口調や感情表現を実現するためには大規模な音声データベースを必要とする課題があった。

統計モデル型合成方式は、音声のデータセットである音声コーパスを構成する音声波形の特徴を統計的手法や機械学習の手法でモデル化して、テキストに対応する音声をそのモデルを用いて予測することで、合成音声を生成する手法である。2000年代には、隠れマルコフモデル（HMM：Hidden Markov Model）という統計的手法を用いた音声合成の取り組みが盛んに研究された。音声は複雑な時系列データだが、HMMはそのような時系列データの統計的モデリングに適した手法だったからだ。

そして、2010年代以降は画像認識、自然言語処理、音声認識などの分野で革命を起こしたディープラーニングの手法が音声合成の領域でも積極的に取り入れられるようになる。これらは「ニューラル音声合成」と呼ばれている。2016年にグーグル傘下の人工知能研究企業であるディープマインド社は、ディープラーニングベースの音声合成モデル「WaveNet」を開発した。WaveNetは、英語と中国語のテキスト音声合成において、既存の手法を大きく上回る性能を示し注目を集めた。2017年には、グーグルがトランスフォーマーとWaveNetを組み合わせた音声合成モデル「Tacotron2」を発表した。Tacotron2は、WaveNetを上回る性能を示し、ついに人間の自然音声とほぼ同等の品質を達成したといわれている。

◉自然な合成音声から、そっくりな合成音声の実現へ

アマゾンは、自社が主催するAI技術カンファレンス「re:MARS 2022」の基調講演で、1分に満たない録音された音声から、合成音声を生成する機能を開発中であることを発表した。デモでは、亡くなった祖母の声で本を読み聞かすシーンが紹介されたが、このような短いサンプル音声を使い、その発声者そっくりの合成音声を生成する取り組みが、今盛んに行われている。

アップルは、2023年にリリースしたiOS17の新しいアクセシビリティ機能（ユーザーの端末操作をサポートする機能）として、話者そっくりな声を作る機能「Personal Voice」を発表した。Personal Voiceは、将来病気などで発話能力を失うリスクのある人が、まるで自分が話しているように聞こえる合成音声を作り、家族や友人とつながることができるようにするための機能である。ユーザーは、ランダムに表示されるテキストを読んで15分間録音することで、Personal Voiceを作成することができる。

2023年1月にマイクロソフトは、たった3秒のサンプル音声から、その発声者にそっくりな声を生成する技術「VALL-E」を発表した。VALL-Eは、「ニューラルコーデック言語モデル」と呼ばれる技術を用いて、約6万時間分の音声データで学習された音声生成AIである。VALL-Eは、サンプル音声から声の特徴を分析し、その発声者がサンプル音声以外の言葉を話したときにどのような音声になるかを推測し再現している。マイクロソフトは、2023年3月には英語以外の言語にも対応した「VALL-E X」を公開し、さらに同年8月にはテキスト音声合成だけでなく、ノイズ抑制、対象話者抽出、音声削除、音声編集などのタスクも扱うことができる「SpeechX」を発表している。

図表 2.2-7　AI（人工知能）を悪用したオンライン音声詐欺の現状

あなた自身、もしくは知人が、AIを悪用した音声詐欺に遭遇したことがありますか？

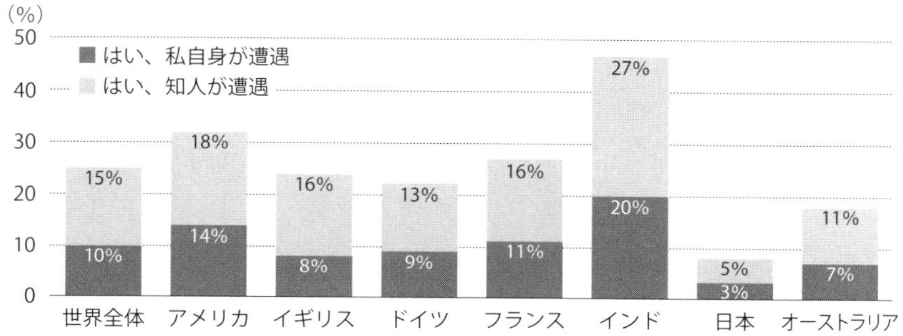

（注）マカフィーが7カ国の18歳以上の成人7054人を対象に調査
（出所）マカフィープレスリリース（2023年5月）

短い音声データを用意するだけで、本人そっくりな声を作れるようになることで、その技術を悪用する事例も増えてきている。アメリカセキュリティ企業のマカフィーは、2023年4月に日本を含む世界7カ国（日本、アメリカ、イギリス、ドイツ、フランス、インド、オーストラリア）の18歳以上の成人7054人に対し、AIを悪用したオンライン音声詐欺の現状に関する調査を実施した（図表2.2–7）。

その調査では、世界全体では25%が、自分または知人がAI音声詐欺に遭遇したと回答したそうだ。なお、日本は8%が、自分または知人がAI音声詐欺に遭遇したと回答し、アンケートを実施した世界7カ国で最も遭遇率が低いという結果になった。

短い音声であれば、誰もがSNSなどを通じて自身の声を共有している可能性がある。これは、誰もが他人によって自分のクローン音声を作られて、悪用されるリスクを持っているともいえる。指紋や虹彩のように、音声も機微な個人情報（生体情報）としての注意が求められる時代になってきている。

2.2.3 動画生成AIの萌芽とシンセティックメディア時代の到来

画像生成AIの急速な技術進化に伴い、静止画だけでなく動画を生成する取り組みも盛んになりつつある。動画とは、静止画（フレーム）が高速に連続して表示されることで、人が視覚的に動いているように感じられるものである。そのため1つ1つに分解すれば画像の集まりだが、動画の生成には画像と異なる特有の難しさがあるといわれている。たとえば、それぞれのフレームがスムーズに遷移し、不自然な変化が発生しないようにする「時間的な一貫性」が求められることだ。そして、物理の法則に則った自然な動きを生成する必要もある。また、画像と比べてデータ量が膨大になるため、計算にかかる時間やコストが問題になりやすい。画像の生成に比べ、動画の生成はまだ技術的に発展途上ではあるが、さまざまな研究が進められており、自然で高解像度な動画生成が実現されつつある。

◉GANによる動画生成とText-to-Videoの登場

動画生成の取り組みは、前述の敵対的生成ネットワークを応用する形で研究がはじまった。初期の代表的な研究としては、VGAN（Generative Adversarial Network for Video：2016年）やMoCoGAN（Motion and Content decomposed Generative Adversarial Network：2017年）などが挙げられる。VGANは、固定されたカメラで撮影された動画が「動きのある前景」と「動きのない背景」に分けられるとし、前景と背景をそれぞれ学習し生成した後、足し合わせて動画を生成する手法である。鮮明な背景を持つ動画を生成できる一方で、生成可能な動画の長さが固定であることや、前景の動きのある物体の解像度が低いという課題があった。MoCoGANでは、動画を「内容（Content）」と「動き（Motion）」に分解した上で動画を生成することで、任意の長さで、より自然で滑らかな動きの動画を生成することに成功した。

そして、画像生成と同じく、生成したい動画を言葉で指示する「Text-to-Video」の取り組みがはじまっている。グーグルは2022年4月にテキストの内容に応じて動画生成する「Video Diffusion Models」の研究を発表した。また、同年の9月と10月には、より長時間で自然な動画の生成ができる「Phenaki」と、グーグルの開発した大規模言語モデル「T5」と「Video Diffusion Models」を組み合わせて、より写実的で高品質な動画を生成できる「Imagen Video」を公開している。同様の取り組みとして、フェイスブックなどを運営するメタは、2022年9月にテキストだけでなく画像もインプット情報として扱える、動画生成AI「Make-A-Video」を発表している。

前述のグーグルやメタの動画生成AIは、論文は公開されているが、ソースコードが公開されていないため、一般の人は扱うことができなかった。しかし、画像生成AI「Stable Diffusion」の共同開発企業であるランウェイは、2023年3月にテキストや画像から新しい動画を生成できるサービス「Gen-2」を発表した。Gen-2は、Webブラウザーとスマートフォンのアプリから使うことができ、無料版と有料版のプランが用意されている。生成できる動画は1回当たり16秒の長さで、商用利用も可能である。

グーグル傘下の動画共有サービスYouTubeは、2023年9月に生成AIを使った新しい動画クリエイター向けのツールを発表している。そのうちの1つが、アイデア（テキスト）を入力するだけでAIが生成した動画や画像の背景をYouTubeショート（最大60秒までの短編動画）に追加できる新機能「Dream Screen」である。この機能は、一部のクリエイターを対象に導入し、2024年に提供範囲を拡大する予定であり、将来的にはアイデアを入力するだけで自分の動画を編集したり、動画をリミックスして新しい動画に作り替えたりする機能に拡張する予定とのことだ。動画生成AIがYouTubeの動画編集・制作アプリに搭載されることで、誰もが気軽に“AIによるコンテンツの創造”を体験できるようになるだろう。

◉生成AIによるシンセティックメディア時代の到来

シンセティックメディアとは、AIを用いて生成された文章、画像、音声、動画、音楽などのデジタルコンテンツのことである。昨今の生成AI技術の進化により、非常にリアルな人の姿・声をコピーしたデジタルツインを容易に制作できるようになった。従来、映像、画像、音楽などのコンテンツ制作は、時間とコストが非常にかかる作業であったが、生成AIを活用することで、短時間かつ低コストでデジタルコンテンツの生成ができるようになった。そして今、エンターテインメント、メディア、カスタマーコミュニケーションなどのさまざまな領域でシンセティックメディアの活用がはじまっている。

エイベックスと東芝デジタルソリューションズの共同出資により設立されたコエステ（現在はエーアイ）は、2020年3月に声の権利化・流通プラットフォーム「コエステーション」の事業を開始した。コエステーションは，一般人からアーティスト、アナウンサー、ラジオDJなどの有名人まで幅広く「声」を集め、さまざまなサービスで活用するための音声合成プラットフォームである。一般ユーザー向けにはスマートフォンの専用アプリで自分の声を登録してもらうと、自分によく似た声の合成音声を生成できるようになる。タレントや声優などの有名人の場合は、専用のスタジオで音声収録を行い、より高品質な合成音声のAIモデルを作成する。そして、有名人の声が利用された場合、その声主にも手数料が支払われるエコシステムを実現している。コエステーションは、多種多様な声を収集・蓄積し、音声合成ツールと声の利用権をセットで提供し利用料を得る、音声のシンセティックメディア事業を展開しているのである。

ニュージーランドのAIスタートアップ企業Soul Machinesは、2022年に米国ダラス フォートワース国際空港で、旅行者向けのデジタル空港コンシェルジュ「デジタル アイリス（Digital Iris）」の運用を開始した（図表2.2–8)。デジタル アイリスは、利用者が示す反応や表情を見て、聞いて、理解し、適

図表 2.2-8　旅行者向けのデジタル空港コンシェルジュ「デジタル アイリス（Digital Iris）」

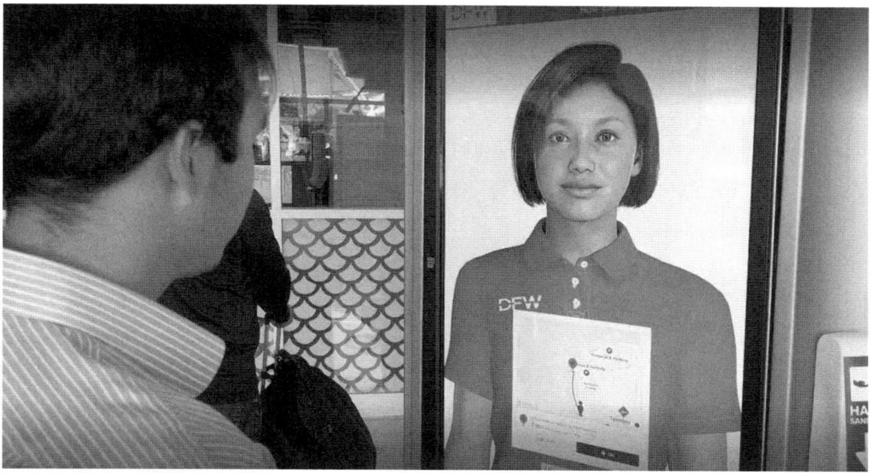

（出所）https://www.soulmachines.com/2022/10/dallas-fort-worth-international-airport-improves-the-travelers-experience-with-a-digital-concierge/

切な表情やジェスチャーでコミュニケーションすることができる「バーチャルヒューマン」である。フライトとゲートの情報、レストラン情報、空港サポートなどの各種サービスの情報など、人間の空港担当者と自然にやり取りするのと同じような方法で最新の情報を旅行者に伝えることができる。また、Soul Machinesは世界的なスポーツ選手、格闘家、アーティストなどの実在の有名人のバーチャルヒューマンを作り、ファンとの1対1のバーチャルコミュニケーションを実現する「デジタル セレブリティ（Digital Celebrities）」のサービスも提供している。

米AIスタートアップ企業Simulation Inc. は、2023年7月にAIが短編動画を自動で生成する研究論文を発表した。その短編動画は、アメリカの人気アニメ『サウスパーク』をもとにしており、生成された複数のサウスパーク風AIキャラクターによる20分超の短編動画が併せて公開されている。その動画のストーリー生成プロセスは、Simulation Inc.が開発したシミュレーションシステム、オープンAIのGPT-4、ユーザーの3者による共同責任で実行されるそうだ。シミュレーションシステムは複数のAIキャラクターによる感情、歴史、地域などに基づいたイベントを生成し、ユーザーは生成したいストーリーを入力し、GPT-4はメインの生成エンジンとして、ユーザーとシミュレーションシステムの両方から受け取った情報に基づいて、オリジナルのシーンとダイアログを作成している。サウスパークのキャラクターだけでなく、ユーザーの声や画像から自分自身をその動画に登場させることも可能であるとのことだ。Simulation Inc. の取り組みは、生成AIが単に人間の指示に基づいたテキストや動画を生成するだけでなく、AIが独自で一貫性のあるストーリーに基づいた動画コンテンツを創造できることを示した。

米アニメーション制作会社ピクサー出身で、現在グーグルのAI研究者であるアロンソ・マルティネス氏は、2022年11月に自身のX（旧ツイッター）で、「Text-to-Video技術の進化の速度からすると、2年後にはこの技術を用いたテレビ番組が現れるだろう」との見解を示した。驚異的なスピードで研究が進む生成AIは2030年を待たずして、われわれの生活の中にシンセティックメディア浸透させ、メディアやコミュニケーションのあり方を大きく変革させてしまうかもしれない。

第 3 章

生成AIを進化させる
技術動向

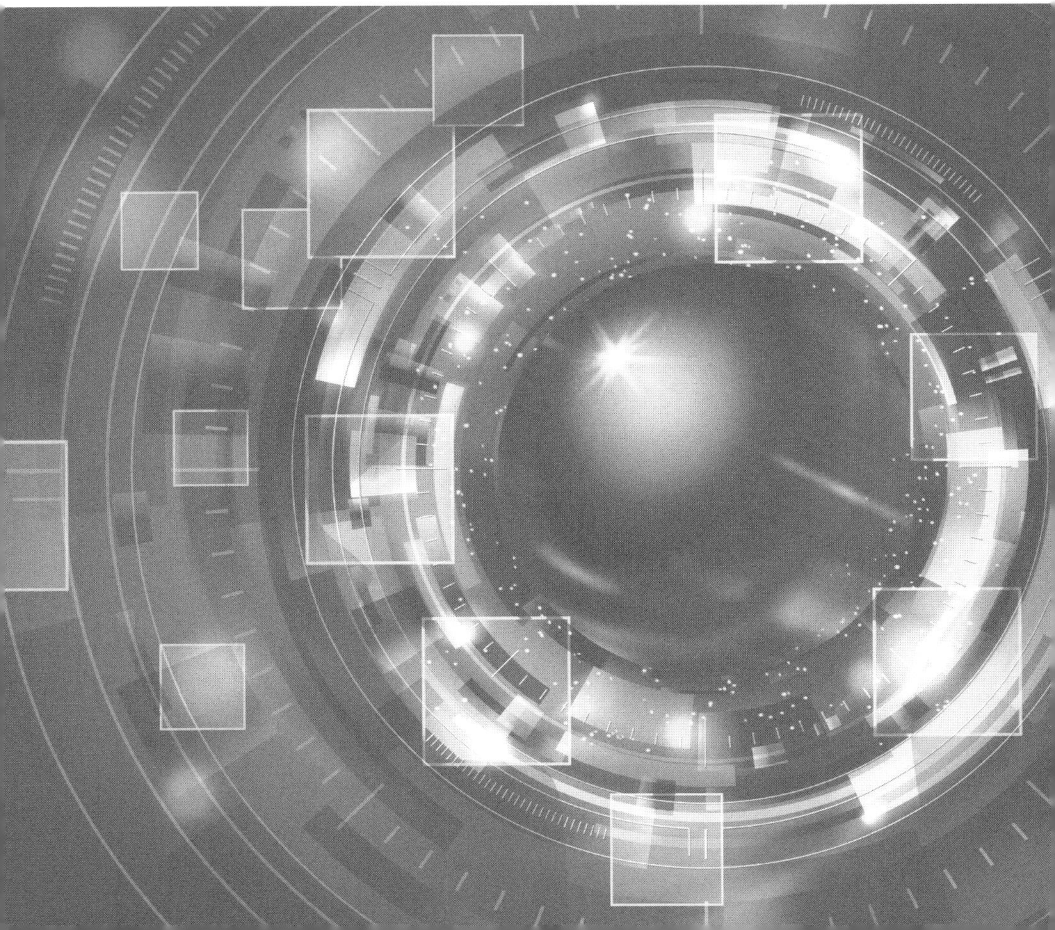

本章では、今後の生成AIの進化に重要な技術を解説する。まず、生成AIの膨大な計算処理を可能にする「AIスーパーコンピュータ」と「生成AIプラットフォーム」について紹介する。次に、大規模言語モデル（LLM）を拡張する技術に焦点を当てる。最後に、量子コンピュータの生成AIへの活用可能性を探る。

3.1 AIスーパーコンピュータと計算資源競争

生成AIが発展した背景には、膨大なパラメータを持つ巨大モデルの出現が挙げられる。ではどのようにして巨大なAIモデルの開発は進んだのか。この章では、生成AIのモデルの開発技術・周辺技術について紹介したい。

3.1.1 GPUの性能向上とパラメータ数の増大

まず、巨大モデルを開発するための、計算資源、計算基盤について述べる。生成AIだけではなく、機械学習モデルの開発にあたっては、パラメータを増大させることはモデルの精度向上に不可欠な要素と認識されてきた。しかし、増やしたくても増やせない、という状況が（今現在も）頻繁に起こってきた。なぜならモデルを大きくすると、処理すべき計算量・記憶すべき数値の量が増大し、簡単に計算機の性能を超えてしまうからである。一例として、メタ（旧フェイスブック）が開発した大規模言語モデルLlama2（ラマ・ツー）を取り上げたい[1]。Llama2の最も小さいモデル（7B、パラメータ数70億）をフルサイズで訓練するためには28GBのGPUメモリが必要とされる。執筆現在、一般的に購入できるGPUの最上位モデルGeForce RTX 4090のGPUメモリは24GBとなっており、そのままではモデルを訓練することはできない。利用する（推論する）ためにも、後述する量子化などの手法を用いて、モデルサイズを軽量化する必要がある。

ではそもそもGPUとはどんなデバイスなのだろうか。GPUはその名の通り映像データの処理のために開発されたデバイスである。1999年にNVIDIA（エヌビディア）が名称を定義し、ゲームなどの3Dグラフィック描画の性能向上に向けて開発が進められてきた。3Dグラフィック処理では、複数の物体を空間上で正しく表示するために、多くの座標計算を必要とする。この座標計算はそれぞれの計算処理は比較的単純だが、よりよい映像表現を可能にするためには、膨大な量を、いかに早く処理するかが肝心となる。GPUはこの座標計算を高速化するため、計算処理をスレッドと呼ばれる複数の処理単位に分割し、並列処理を実行することができる（図3.1-1）。

2000年代以降、GPUの持つ並列計算機能が機械学習における計算処理の高速化に役立つことが示され、2006年には、NVIDIAによって機械学習向けのデバイス制御ソフトウェアCUDA（Compute Unified Device Architecture／クーダ）が発表された。このCUDAが整備されたことで、GPUを当初の画像処理目的ではなく、機械学習の計算処理に用いることが容易になった。これにより、多くの機械学習モデルが、GPUによる処理を利用した大規模なモデル構造、計算量の多いアルゴリズムを開発することができるようになった。

このように、GPU性能の向上はモデルの大型化に不可欠な要素であり、よりよい演算装置の開発は、よりよいAIを開発するためにも重要である。現在ではNVIDIAの対抗企業であるAMD社の製品の性能も上がり、CUDAに相当するソフトウェアROCmによって深層学習での利用も可能になってき

1 Touvron, Hugo, et al. “Llama 2: Open foundation and fine-tuned chat models.” arXiv preprint arXiv:2307.09288 (2023).

図表 3.1–1　CPU と GPU の計算処理

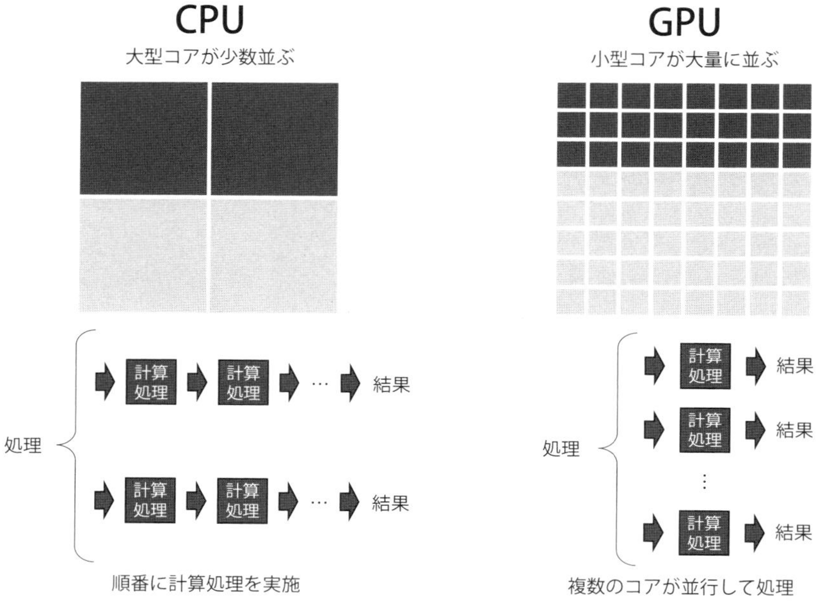

（出所）野村総合研究所

た。またグーグルは独自に深層学習に最適化された演算装置TPU（Tensor Processing Unit）を発表している。アップルは生成AIの開発では目立った動きを見せていないが、GPUとCPUを統合した新プロセッサM1を開発したり、GPUの汎用的な制御ソフトウェアとしてOpenCLを提案するなど、AIをめぐる周辺領域では活動を行っている。今後もさらなる発展を見据えて開発競争が進む分野となっている。

3.1.2　並列分散学習技術の発展

演算装置が発展するに伴い、より多くのパラメータを持ったモデルが実現できるようになってきた。しかしながら、研究開発用のGPUでも1台当たり

図表 3.1-2　AIスーパーコンピュータにおける分散学習手法

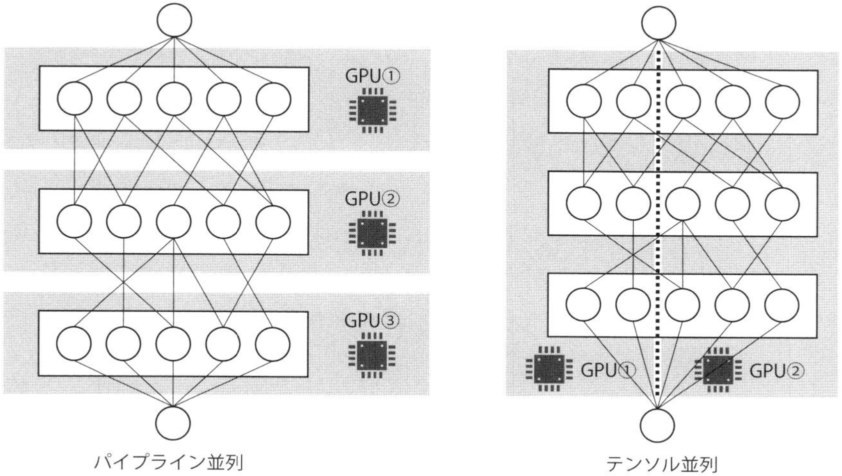

（出所）野村総合研究所

のメモリ容量は80～100GB程度となっている。したがって、数百億のパラメータを持つ大規模言語モデルの学習には、このような研究用GPUを複数台用いた、AIスーパーコンピュータによる分散学習技術を利用する必要がある。先ほど例として挙げたLlama2では最大70B（700億）パラメータのモデルが開発されており、その計算資源としてメタは、自社が持つ最大2000台のGPU（NVIDIA A100、1台当たりのメモリ容量80GB）で構成されたAIスーパーコンピュータを利用したと報告している。さらにメタによる論文では70Bのモデルの訓練には合計で172万320GPU時間（7万1680日）の学習が必要だったと記載されている。この合計時間を2000台の並列分散学習技術によって短縮すると、÷2000で860.16時間、つまり約36日程度が70Bモデルの学習期間と推測される。巨大モデルの開発にかかる計算資源がいかに莫大かを推し量ることができる。

ひとくちにGPUを連結し、巨大モデルを分散学習するといっても、その手法にはさまざまな方策がある（図表3.1-2）。たとえばモデル自体の計算処理を分割するモデル並列の手法として、モデルが持つ各層をそれぞれのGPUに分割するパイプライン並列（pipeline parallel）が挙げられる。この手法では、各GPUは割り当てられた層のみを処理し、結果を次のGPUに受け渡しすることで大きなモデルの処理を実現する。

また、同じモデル並列でも、モデル全体を小さく分割し、後で分割したモデルを統合するテンソル並列（tensor parallel）、という手法もある。この手法では、いわばケーキを切るように、分割されたモデルは複数の層を保持している。小さく分割されたモデルをそれぞれ別のGPUで処理することで、各層の計算処理を軽量化し、一連の処理の高速化を実現する手法となっている。

最後に、モデルを分割するのではなく、学習するデータを分散し、複数の学習結果を統合するデータ並列（data parallel）という手法を紹介する。この手法では、大規模なデータセットを分割し、それぞれを異なるモデルに学習させ、最後に学習結果を統合する。これにより、より多くのデータを効率的に学習することができる。

大規模言語モデルなどの開発においては、これらの手法を複数組み合わせることで、計算時間を現実的な時間に短縮することや、より大きなモデルを、より少ない計算資源で効率的に学習させることが必要不可欠な技術となっている。

いま現在、大型モデルの開発には計算資源確保への投資や、計算施設の運営コスト（電力だけでもかなりのコストにのぼる）といったインフラ基盤の配備が高い参入障壁となっている。しかし今後、より効率的な学習を実現できる計算基盤技術が確立されれば、今よりも小規模な計算資源で、より大型のモデルを開発することが可能になるかもしれない。そうなれば、より多くの企業が独自モデルの開発に挑戦できるようになっていくだろう。

図表 3.1-3　日本語公開モデルの一覧

モデル名	モデルタイプ（パラメータ数）	開発元
PLaMo-13B	LLaMA（13B）	Preferred Networks
LLM-jp-13B	GPT（13B）	LLM-jp
Weblab-10B	GPT（10B）	東大 松尾研
Japanese StableLM Alpha	GPT（7B）	Stability AI Japan
OpenCALM	GPT（1B／3B／7B）	サイバーエージェント
rinna GPT	GPT（4B）	rinna
japanese-large-lm	GPT（1.7B／3.6B）	LINE ヤフー
Swallow	Llama2（7B／13B／70B）	東工大・産総研

（出所）野村総合研究所

3.1.3　日本における計算資源の状況

それでは本項の最後に、日本における、計算資源の状況について触れたい。公的な大規模計算資源としては産業技術総合研究所（AIST）のABCIシステムが公開されており、公募により利用が可能になっている。直近ではPrefered Networks社がABCIの計算資源を利用して大規模言語モデル（PLaMo-13B）の開発を実施しており、学習成果は公開モデルとして利用可能になっている。また学術目的の計算資源として、東京工業大学ではスーパーコンピュータ「TSUBAME」が2024年春から稼働開始を目指している。また、GPUとは異なる計算基盤を持つスーパーコンピュータ「富岳」を利用した大規模言語モデルの開発も着手されている。

私企業における計算資源は一般に公表はされていないが、NECや、NTTデータ、LINEヤフー、ソフトバンク、サイバーエージェント社など、多数の企業で独自の日本語モデルが開発され、一部は一般に公開されている（図表3.1-3）。

3.2
生成AIプラットフォーム

生成AIをめぐる特徴的な動きとして、オープンAI(Open AI)、グーグル、メタなど大型モデルの多くが、それぞれプラットフォームを整備していることが挙げられる。ここではそれぞれの特徴を述べる。

3.2.1 オープンAI、マイクロソフトが提供するプラットフォーム

オープンAIは自社サイトでChatGPTのWeb版を無料公開したほか、有料版としてより精度の高いGPT-4を打ち出し、課金ユーザーの囲い込みを行っている。有料会員になるとChatGPTの新たな機能を優先的に利用できるなど、無料ユーザーとの差別化も進めている。またオープンAIはWeb版のChatGPTとは別にAPI（Application Programming Interface）を通じたモデルの利用も提供している。APIを提供することで、SNSやメールシステムなど既存のシステムとの連携や、ChatGPTの会話を利用したチャットボットの開発などがスムーズに行える。こうした機能の整備も、ChatGPTの利用を促し、ユーザーを囲い込むことに寄与している。

他にも、オープンAIはマイクロソフトと提携することで、マイクロソフトのクラウドサービス、Azureプラットフォームを通したChatGPTの提供や、マイクロソフト Bingのバックモデルとして ChatGPTと同等のモデルの提供も実施している。自社1つのプラットフォームにとどまらず、複数のプラットフォームでモデルの提供枠組みを拡大することで、ユーザーに多様な利用形態を提供し、ChatGPTを浸透させることに成功している。

3.2.2 グーグル、メタが提供するプラットフォーム

グーグルはChatGPTの対抗モデルであるBard（バード）をWeb上で無料提供するほか、有料サービスとして、APIによるモデル利用を自社クラウドサービスであるGCP（グーグル クラウドプラットフォーム）を通じて行っている。GCPを通して提供することで、同じGCPで提供しているクラウドコンピューティングサービスや、AI開発プラットフォームと連携することができ、生成AIを用いたシステム構築やAIアプリ開発を効果的に行えることを謳っている。

メタはオープンAIやグーグルとは異なり、自社開発した大規模言語モデルLLaMA、Llama2を公開モデルとして提供している。オープンAIのChatGPT、GPT-4や、グーグルのBard、PaLM2などは、モデル本体をユーザーがダウンロードすることはできず、Web画面やAPIを通して、テキスト入力を行い、テキスト出力を受け取る、という形式でしかアクセスすることができない。一方、メタはユーザー登録をすれば、モデルそのものをダウンロードすることができる。このため、ダウンロードしたモデルを再訓練し、目的に沿った応答が可能になるように調整することや、構築時には学習されなかったデータを追加で学習させることなどが可能である。メタは一定のライセンスでLlama2の商用利用も認めており、その可能性には注目が集まっている。

3.2.3 パブリックな生成AIプラットフォーム

生成AIをめぐる動向の中で忘れてはいけないものが、Llama2をはじめとした公開モデルの提供を支える、AIプラットフォームと呼ばれるサービスである。

Hugging Faceは、生成AIを支えるプラットフォームとして、大きな存在

感を保っている。Hugging Faceは、もともと、トランスフォーマーなどの自然言語処理モデルの多くをホストし、さまざまなバリエーションのモデルを提供していた。モデルの提供に際し、Hugging Faceは複数のモデルを共通して呼び出せるよう、モデルの入出力の標準化を行っている。これにより、Hugging Faceに登録されるモデルは、構造が共通であればほぼ共通の呼び出し形式に対応する。そのため、利用者はほんの少しの変更でさまざまなモデルを利用することができるようになっている。Hugging Faceによるエコシステムが存在するおかげで、ユーザーは次々と現れる新しい公開モデルをすぐに利用することができ、またモデル開発者も、Hugging Faceの標準化を利用することで、開発したモデルをすぐに多くのユーザーに利用してもらうことができる。このようなプラットフォームの存在は、生成AIの利用ユーザーの増大に大きく寄与しており、モデルの開発競争の過熱にも貢献している。

Hugging Faceでは公式企業によるモデルの公開だけでなく、一般のユーザーによるモデルの公開も受け付けている。そのため、さまざまなバックグラウンドの、さまざまな技術者によって公開モデルが作成されている。これにより、多様なアイデアや、試験が繰り返され、次々と技術的な知見が蓄積されることにつながっている。

パブリックプラットフォームにおけるAIモデルの公開は、自然言語モデルだけでなく、画像生成モデルにおいても活発に活用されている。画像生成モデルの「Stable Diffusion」は発表時からHugging Faceを通じてモデルを公開し、ユーザーがモデルをダウンロードし、新たに画像を学習できるようにした。これにより、Stable Diffusionを用いてどのような画像が生成できるのか、どのような画像が生成できないのか、あるいは、どのような追加学習をすれば、苦手とする画像の生成を克服することができるのか、といった課題が膨大なユーザーによって検証されていった。

多くのユーザーによって検証される中で、少量のパラメータ学習により効率的に学習できる低ランク行列近似を用いた手法LoRA（Low-Rank

図表 3.2-1　LoRA の概要

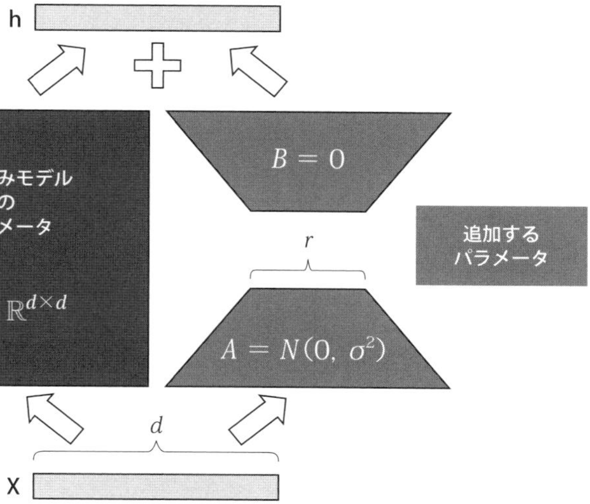

（出所）論文（LoRA：Low-Rank Adaptation of Large Language Models, 2021）より野村総合研究所加筆

Adaptation）や量子化（Quantization）といった技術の有用性などが確認された。LoRAとは、大型モデルの追加学習時に、すでに学習したパラメータは固定し、新たに追加した少数のパラメータだけを更新する学習手法である（図表3.2-1）。この手法では学習済みのパラメータを更新しないため必要となるマシンスペックが低く抑えられる。また、LoRAでは追加する少数のパラメータのみを更新するため、比較的少数の学習データによって精度向上が見込める。

量子化とは数値の桁数を削減する技術であり、モデルのパラメータの値をたとえばfp32からint8に変換するなどして、メモリ容量を節約して学習を進めることができる。これらの計算資源を効率化に資する手法が発展することで、モデル利用に必要な学習データ、マシンスペックのハードルは下がり、さらに多くのユーザーが画像生成モデルを利用することができるようになった。

公開モデルを利用したユーザーによる検証とモデルの発展は、画像生成AIの発展に大きく寄与した。一方で、モデルの利用ハードルが低下することで、たとえば既存作家の絵柄を学習したモデルが無断で公開されたり、実在の人物の写真を追加学習し、特定人物の画像を生成できるモデルが公開されたりなど、著作権あるいは肖像権を脅かすような利用事例が見られる弊害も生じた。

比較的低スペックマシンで追加学習が可能になった画像生成モデルに比べ、大規模言語モデルを用いた同様の事例（たとえば特定の作家の文体模写や、特定人物の思考トレースなど）はいまだ顕著には見られない。その背景の1つには、大規模言語モデルの性能を「拡張」するのは、まだ技術的なハードルが高いことが挙げられる。次節では、大規模言語モデルの拡張について紹介する。

3.3

LLM（大規模言語モデル）を拡張する技術

これまで述べてきたように、ChatGPTをはじめとするLLMは、従来の言語モデルと比較して幅広いタスクを解くことが可能となっている。しかし、内部で用いられるモデル（基盤モデルと呼ぶ）の学習に使用されているデータは基本的にWeb上で公開されている情報をもとにしているため、回答できる内容は限定的であり、業務で利用する際には要件に沿った内容を生成できないケースも存在する可能性がある。

本節では、LLMの知識をアップデートする技術に関して紹介する。大別すると、2つのアプローチが存在する。1つめはRAG（Retrieval Augmented

Generation：検索拡張生成）という手法であり、これは基盤モデルの中身を変えずにユーザーからの質問と関連度の高い文書を検索・抽出し、プロンプトの内部に補助情報として与える方法である。2つめはファインチューニングという手法であり、RAGとは異なり、ファインチューニングは独自の学習データを用いて基盤モデル自体を下流タスクに応じて微調整するものである。これらのアプローチにはそれぞれメリット・デメリットが存在するため、解きたいタスクに応じて適切に使い分ける必要がある。次項からは、それぞれのアプローチの詳細について説明していく。

3.3.1 RAG（検索拡張生成）による知識拡張

学習データセットに存在しない知識に関しては、基盤モデルは正確な回答を生成することはできない。たとえば、ChatGPTに対して最新の情報に関する質問を投げると、「私の最後のトレーニングデータは2022年1月までの情報となっている」と返ってくる[2]。したがって、2022年1月以降の話題に関する質問をする場合は注意が必要である。加えて、2022年1月以前であっても企業内の機密情報などは当然学習データには含まれていないはずであり、そのような情報に関連した質問には答えられない。このように、現実世界とLLMの間に存在する知識のギャップを埋める考え方として、グラウンディング（Grounding）が知られている。グラウンディングとは、プロンプトを通じて大規模言語モデルに都度、回答に必要な知識情報を与える手法である。グラウンディングを利用すれば、大規模言語モデルが学習していない事項であっても、プロンプトで与えられた知識を用いて回答を生成することが可能となる。簡易的なグラウンディングの実現方法として、質問に関連する文書をプロンプトに与えて回答を生成させる方法がある。

図表3.3-1はChatGPTを用いた「2024年に施行される働き方改革関連法と

2　2023年10月時点。

図表 3.3-1　グラウンディングによる知識拡張

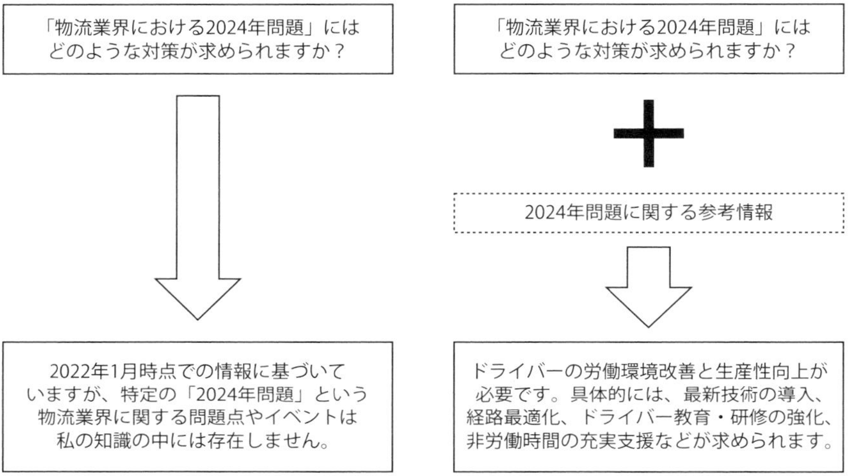

（出所）野村総合研究所

それによって生じる物流業界に対する影響」に関する質問とその生成結果の例である。LLMが元々持っている知識のみではユーザーが求めている回答をすることはできないが、外部の信頼できる最新の参考情報を与えることで、回答の質を向上させることが可能である。また、参考情報に基づいて回答するように指示することで、ハルシネーションを抑制することもできる。

ここで問題になるのは質問に関連した情報をどのように抽出するのか、という点である。それを実現するアーキテクチャとして、RAGが知られている。RAGのRはRetrieval（検索）を意味し、事前に文書検索を行って必要なデータを取り出すことを指している。RAGの全体的な構成を図示したものが図表3.3-2である。

図表3.3-2に示される通り、RAGの核となる技術の1つは「文書のベクトル化」である。これは何を意味するのであろうか。簡単にいうと、テキストデータを計算機が扱いやすい数値の形、すなわちベクトルに変換する技術で

図表 3.3–2　RAG のフロー図

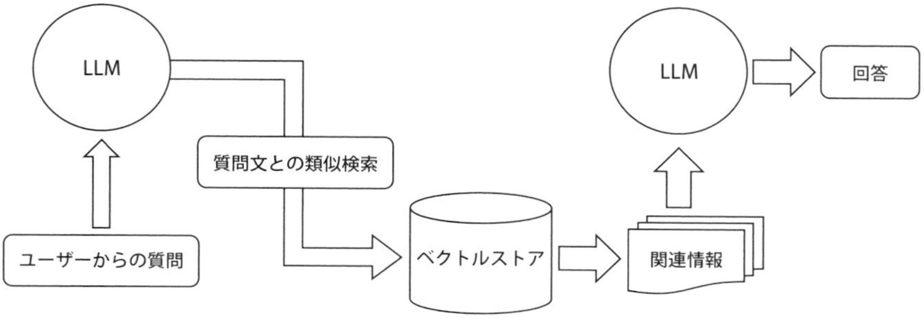

（出所）「LangChain Blog」（https://blog.langchain.dev/retrieval/）より野村総合研究所加筆

ある。このベクトル化を行うためのアルゴリズムは「エンベディング（embedding）モデル」と呼ばれている。エンベディングモデルにもいろいろな種類があるが、いずれであっても、それを介して文書をベクトル化することにより、計算機は文書間の意味的な距離や関連性を瞬時に計算できるようになる。たとえば、ある文書が「アップル」に関するものである場合、それに近い意味を持つ文書や、関連する情報を持つ文書を迅速に見つけることが可能となる。

具体的な動作を見てみよう。関連する文書群をエンベディングモデルに通してベクトル化し、それをベクトルストアと呼ばれるデータベースに保存する。ユーザーがLLMに何か質問をした場合、その質問も即座にベクトル化される。そして、ベクトルストアから質問に最も近い、または関連する文書ベクトルを探し出す。この方法で選ばれた文書は、図表3.3–2に示すように、ユーザーへの回答を形成するための参考情報として使われる。このようにしてRAGはユーザーの質問内容に関連した情報を迅速かつ効率的に取得し、それをもとに適切な回答を生成することを可能にしているのである。

RAGを実現する上でスタンダードとなっているツールとしてLangChainが知られている。LangChainはLLMを使用したアプリケーションを構築するためのフレームワークとして設計されており、RAGに必要なベクトルスト

図表 3.3-3　主要クラウドベンダーが提供する RAG プラットフォーム

クラウドベンダー	ソリューション
アマゾン	Amazon Kendra
グーグル	Vertex AI Search & Conversation
マイクロソフト	Azure AI Search（旧 Azure Cognitive Search）

（出所）NRI デジタル

アやエンベディングモデル、ベクトル検索機能など一通りのツールが提供されている。また、LangChainにはRAG以外にも強力な機能が提供されている。Reasoning and Acting（ReAct）と呼ばれるLLMをWeb検索などの外部ツールと連携させて正しい推論結果を導く技術や、LLMの出力結果が意図した形式になっているのかチェックする機能など、LLMアプリケーションを構築する上で重要となるツール群が含まれている。

最近では各クラウドベンダーがRAGを手軽に実現できるソリューションを提供している。図表3.3-3に、主要なクラウドサービスと対応するRAGソリューションをまとめた。このようにLangChainを直接使用せずともRAGを組み込んだシステムを構築できる環境は整っている。

3.3.2　ファインチューニング

前項では、RAGという基盤モデルの内部パラメータを変えずにプロンプトのみでLLMの知識拡張を行うアプローチについて説明した。RAGの利点は、データを集めるだけで知識拡張を実現できる点である。しかし、すべてのタスクをRAGで適切に対応することは困難である。なぜならば、プロンプトで挿入可能な知識には限りがあり、また大量のデータをRetrieval（検索）する場合は、本来得たい知識とは異なる知識が検索結果として紐づいてしまうことがあるためである。そのため、大量で、特定のドメイン知識や文脈に基づいた対応が求められる場合、基盤モデル自体の微調整（ファインチューニ

図表 3.3-4　パラメータ更新判断のための比較表

	モデルパラメータの更新	
	行わない	行う
リアルタイムデータへの対応	○（RAG で都度付与できる）	×
細かなスタイル調整	△（プロンプトへの指示）	○（モデルへの組み込み）
導入コスト	○（モデルの再学習が不要）	△（モデルの再学習が必要）

（出所）NRI デジタル

ング）のほうが適している可能性がある。たとえば、LLMにファイナンス関連の文書の要約タスクを実行させる場合、ファイナンス分野の特有のフレーズや言い回しの重要性をLLMに伝えることが求められる。しかし、RAGだけではこのような特定のニーズに応えるのは困難である。ファインチューニングは、特定のドメインやタスクにモデル全体を適応させることで、よりドメイン固有の知識をモデルに組み込むことが可能である。図表3.3-4にファインチューニングを行うべきか判断するための比較表を載せた。

ファインチューニングを行うためには、一般に、解きたい下流タスクに関するインストラクション・データセットと呼ばれるものが必要となる。インストラクション・データセットとは、プロンプトとそれに対する適切な応答の集合であり、これらのデータセットはユーザーによって手動で作成されるか、または他のLLMによって生成することもできる。インストラクション・データセットは、どのようなタスクを実施して欲しいかというプロンプトと参考情報、プロンプトに対する適切な応答結果の組み合わせで構成される。このデータを用いた学習プロセスは、教師ありファインチューニング（SFT：Supervised Fine-Tuning）と呼ばれ、SFTは事前学習された言語モデルを特定の下流タスクに適応させるために、この正解付きデータを使用して実行される。具体的には、SFTはモデルのパラメータをプロンプトと出力の関係に基づいて更新するプロセスであり、モデルに対してユーザーが指定した指示に従う方法を教示する。

さらに、インストラクション・データセットを用いたSFTのみではファインチューニングは不完全となるケースが存在する。たとえば学習済みの公開基盤モデルは、開発元がユーザーの意図や価値観に沿った回答を生成できるようにさらなるチューニングを施していることがある。このようなLLMの振る舞いや出力を制御することは、アラインメントの調整と呼ばれている。

3.3.3 ファインチューニングの実践例

実際にファインチューニングを実践する際には、「①インストラクション・データセットの準備」「②基盤モデルの選定」「③基盤モデルのパラメータ更新（学習）」「④アラインメントの再調整」という4つの手順を経ることが一般的である。以下はその実践例である。

①インストラクション・データセットの準備

インストラクション・データセットは、一般に公開されているものも多く、まずこのような公開されているインストラクション・データセットをもとにして検証してみるとよいだろう。基盤モデルの振る舞いがどのように変化するのか、インストラクション・データセットに変化を加えながら確認することが有効である。図表3.3-5に公開インストラクション・データセットの例を載せておく。この例はデータブリックス社が作成・公開した「databricks-dolly-15k」と呼ばれるデータを日本語訳したものになっている。なお、インストラクション・データセットの参考情報とは、必ずしもすべてのケースで必要となるものではないが、イメージとしてはRAGアプローチの際にベクトル検索で抽出してきた文書のようなテキストデータである。関連情報を生成時に与えるのか、学習時に与えるのかという違いと捉えればRAGとの差異を理解しやすい。

図表 3.3-5　インストラクション・データセットの例

プロンプト	参考情報	生成結果
レディング鉄道の最初の駅ができたのはいつですか？	レディング駅は、イギリス・バークシャー州のレディングにある主要な交通機関である。	1840年3月30日、最初のレディング鉄道駅が開業した。
国際連合の公用語は何ですか？	国連の公用語とは、国連の会議で使用され、国連のすべての公式文書が書かれている6つの言語のことである。	アラビア語、中国語（北京語）、英語、フランス語、ロシア語、スペイン語
アリスの両親には3人の娘がいる：エイミー、ジェシー、そして三女の名前は？	（参考情報無し）	三女の名前はアリス

（出所）「databricks-dolly-15k-ja」kunishou/databricks-dolly-15k-ja · Datasets at Hugging Face

②基盤モデルの選定

インストラクション・データセットが完成したら、SFTによって基盤モデルのパラメータを更新する工程に移ることができる。この際、もととなる基盤モデルを選ぶ必要がある。すでに、多様な基盤モデルが開発・公開されている中で、メタ社のLlamaはその中でも商用利用が可能で、高い知名度を誇る。各基盤モデルは、特定の下流タスクにおいて得意または不得意な点が存在する。たとえば、LlamaをもとにTo開発されたCodeLlaMaは、コード生成のタスクにおいて特に優れているモデルとして知られている。

③基盤モデルのパラメータ更新（学習）

これらの公開されている基盤モデルも、従来型のBERTなどと比較するとパラメータ数がより大規模となっているので、学習にはGPUマシンが必須となる。学習技術も日々進化しており、LoRA：Low-Rank Adaptationがよく知られている。

④アラインメントの再調整

ChatGPTの出力を人間が見ても自然に感じるのは、アラインメントの調整が重要な役割を果たしている。しかし、独自に用意したインストラクション・データセットでSFTを行うと元々の調整された基盤モデルのパラメータが更新されてしまうため、調整されたアラインメントが壊れてしまう問題がある。そうすると、意図しない振る舞いやハルシネーションの増加などの問題が起き、そのままでは利用できないモデルとなってしまう。したがって、独自にLLMをチューニングする工程にアラインメントの再調整が必要となる。

アラインメントの調整は、オープンAIが2022年に公開した人間からのフィードバックをもとに強化学習を行う手法（RLHF：Reinforcement Learning from Human Feedback）がよく知られた手法である。RLHFは人間からのフィードバックを取り入れてモデルの振る舞いを調整する手法である。たとえばモデルの各出力結果に対して「この出力はよい・この出力はよくない」というフィードバックデータを集めて、生成結果に対する評価を行うモデルを作成する。そして、この評価モデルとLLMを組み合わせることにより、LLMのパラメータを再調整するのである。

RLHFでは評価モデルを構築する必要があるため、フィードバックの収集・評価モデル単体の評価など取り組むための敷居が高いという難点がある。そこで、評価モデルを介さずに直接LLMのアラインメントを調整する直接選好最適化（DPO：Direct Preference Optimization）という手法も開発されている。DPOはある命令に対するLLMの出力文書が意図に沿っているのか人が確認して、もし沿っていないケースならば自然な表現の文書に修正するのである。そのようにしてできたデータセットを用いてLLMを直接チューニングすることがDPOでは可能であるため、RLHFと比較すると取り組みやすいアプローチとなっている。DPOはあくまで一例であって、より低コストで誰でもアラインメントの調整ができる技術やサービスは今後さらなる発展と広がりを見せるはずである。

3.3.4 LLMを協調的に活用

ここまでRAGとファインチューニングに関して説明してきた。どちらの技術もさまざまなライブラリが日々公開されており、AIやデータサイエンスに関する特別な知識・スキルがなくとも利用できる環境が整ってきている。RAGとファインチューニングのどちらを利用するべきか悩むケースもあると思うが、これらは排他的な選択肢ではないと認識しておくことが重要である。

たとえば顧客応対用のチャットボットを構築することを考えたときに、最新の製品・サービス情報をRAGにより取得して、その情報をブランドや企業イメージに沿った生成をできるよう独自にチューニングしたLLMに入力して回答を生成する、というハイブリッド型のアプローチも考えられるだろう。さらにいうと1つのアプリケーション内で複数の独立したLLMを組み合わせて使うアーキテクチャも今後は主流となってくるはずである。会社組織でも1つのプロジェクトに対して、さまざまな部署や専門家がそれぞれの得意領域を活かして推進するが、LLMを活用したシステムでも同様の考え方ができる。先ほどのチャットボットを例にすると、「①ユーザーからの質問文から重要な情報を選定することに特化したLLM」、「②❶の情報とRAGで抽出した関連情報から応答を生成することに特化したLLM」、「③❷の応答結果をユーザーに提示して問題ないか最終チェックを行うことに特化したLLM」、というように各LLMに対して特定のタスクに焦点を当てさせ、効率的かつ効果的なシステムを構築する手法が、新たなシステムデザインパターンの1つとして広がっていくだろう。

3.4

量子コンピュータが加速する生成AI

3.4.1 量子コンピュータ開発の現在地

インターネット革命の次なる旗手としてAIへの注目が高まる中、AIのモデル開発や実行をつかさどるコンピュータとしての量子コンピュータにも期待が集まっている。IBMやグーグルが量子コンピュータのハードウェア開発を進め、アマゾンやマイクロソフトはスタートアップが開発する量子コンピュータへの接続手段をクラウドサービスとして提供するなど、われわれ企業ユーザーが量子コンピュータを利用できる環境が整いつつある。日本では、理化学研究所が2023年3月末に64量子ビットを持つ超電導方式の量子コンピュータを開発したことを宣言し、技術立国復権の期待も込めて話題を集めた。

量子コンピュータは、計算の最小単位を示す量子ビットが「重ね合わせ」や「量子もつれ」に従うという量子力学の現象を利用する。従来のコンピュータ（以下、「古典コンピュータ」と呼称する）では、0か1のいずれかの状態だけを使って計算を行うが、量子ビットは「0でもあり、1でもある」という重ね合わせ状態をとることができ、並列計算の状態を作りだす。また、一方の量子ビットの状態が変化すれば、近接する量子ビットの状態に影響を及ぼす「量子もつれ」現象を使うことで、計算ロジックを工夫でき、短いステップ数で計算できる。計算結果をわれわれが目にするためには、量子力学ではなく通常の古典力学に従わざるを得ないため、実際は同じ計算を何度も行い確率的に答えを得る。理想的な量子コンピュータが実現すれば、これらの特性をうまく使うことにより、スーパーコンピュータ以上の速度で計算ができる（図表3.4–1）。

図表 3.4-1　量子コンピュータの原理

	演算の単位	情報の相互作用	計算時の特徴
古典コンピュータ	ビット 0　1 もしくは 0か1のいずれかの状態	0　0 状態が変わる 1　0 ビットの状態はそれぞれ独立	・入力数が増すと、計算コストが飛躍的に増大
量子コンピュータ	量子ビット （Qubit） 0 1 0か1を重ね合わせて同時に表す	0 量子もつれ 0 状態が変わる 1 量子もつれ 1 どちらか一方の量子ビットの値が観測で決まると他の量子ビットの値も決まってしまう（量子もつれ）	・解は確率的に求まる（複数回計算が必要） ・重ね合わせと量子もつれの組み合わせで計算回数を減らし、高速処理を実現（代表例は、ショアの素因数分解アルゴリズム）

（出所）野村総合研究所

理想的な量子コンピュータの実現には、多くの克服すべき課題が存在する。中でも計算誤差（エラー）の原因となるノイズへの対処は、量子コンピュータ開発における最大の課題である。計算精度の指標である忠実度（fidelity）は、2020年初頭の量子コンピュータで99%前後。解こうとする問題が複雑になるほど計算のステップが増え、エラーの発生頻度も高くなる。たとえば、古典コンピュータは「情報ビット」と呼ばれる検査用のビットを用意し、計算途中のビットを記録してエラーの有無を検出し、エラー訂正を行うことができる。しかし、量子力学の原理に基づいて動作する量子コンピュータの場合、量子ビットの状態をコピーできない「量子複製不可能定理」に従うため、古典コンピュータと同じエラー訂正手法が使えない。

そこで近年、量子ビットの状態を直接検出するのではなく、エラー訂正用の量子ビットを計算用の量子ビットの周辺に配置し、誤り訂正の符号として利用する手法が提案されている。ただし、エラーのない量子ビット（これを「論理量子ビット」という）1つを作るためには、現時点では物理的に量子ビットを約1000個用意しなければならない。2023年時点で実現している量子コンピュータのうち、最大のものはIBMの1121量子ビット。スーパーコン

図表 3.4–2　量子ビット数のロードマップ（予想）

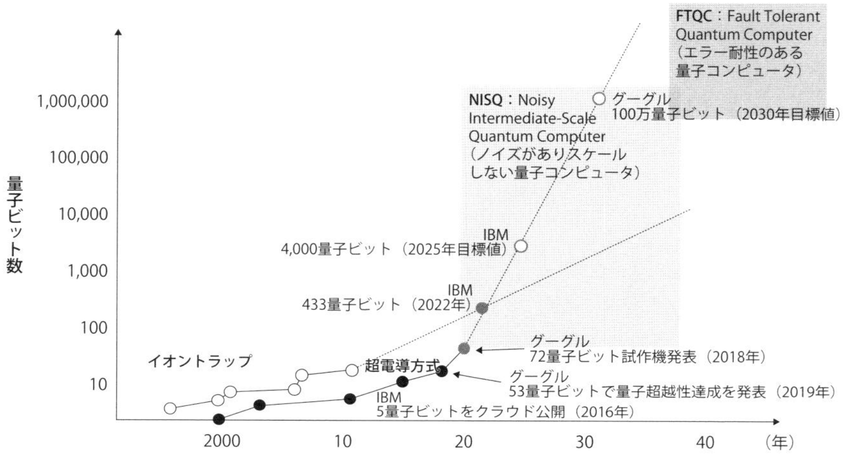

（出所）野村総合研究所

ピュータの性能を凌駕し、エラーのない量子コンピュータを作るためには100万量子ビットという途方もない数の量子ビットが必要になる（図表3.4–2）。

グーグルやIBMは、2030年代に100万量子ビット級の量子コンピュータを開発すると宣言しているが、当面の間は数百から数千の量子ビットを搭載し、ノイズの影響を受ける量子コンピュータ（NISQ：Noisy Intermediate-Scale Quantum）である。忠実度の向上に向けてエラー訂正技術の研究が進められているとはいえ、エラー耐性のある量子コンピュータ（FTQC：Fault Tolerant Quantum Computer）の実現に向けた道のりは長い。

実用的な問題を解くという点では、現在の量子コンピュータは古典コンピュータの足元にも及ばないが、理想的な量子コンピュータが実現すれば、新薬や新素材の開発、社会課題への対応に活用できる。さらに、暗号の解読など情報セキュリティに対する脅威にもなる。このため、IBMやグーグル、アマゾンなどの大手クラウドベンダーだけでなく、アメリカや日本、EUや中国で国を挙げて量子コンピュータの開発プロジェクトが進められている

図表 3.4-3　世界における量子コンピュータ開発プロジェクトへの国家投資（2022 年）

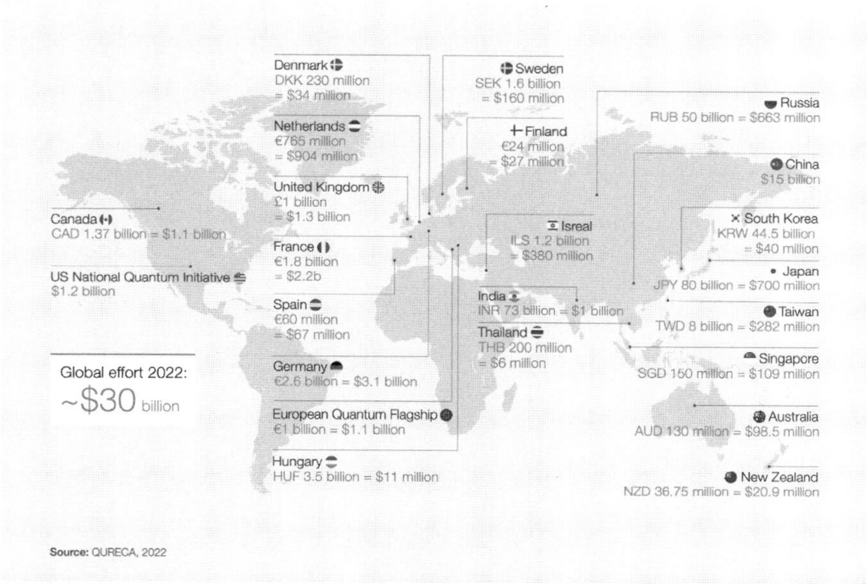

（出所）World Economic Forum「The world is heading for a 'quantum divide': here's why it matters」(2023年1月18日)
(https://www.weforum.org/agenda/2023/01/the-world-quantum-divide-why-it-matters-davos2023/)

（図表3.4-3）。世界経済フォーラム（WEF：World Economic Forum）で公表されたレポートでは、2022年の量子技術の開発に対する世界の公的支出は300億ドルを超えると推計された。中国だけでその総額の約半分を占め、EUがほぼ4分の1を占める。この状況を踏まえ、同フォーラムは、「量子格差」が起こりつつあると警鐘した。量子コンピュータの開発は、経済安全保障の観点からも重要なテーマなのである。

3.4.2　生成 AI が量子コンピュータ研究を下支え

世間的な生成AIブームの波は、量子コンピュータにも及んでいる。実用的な量子コンピュータの登場には時間を要する。量子コンピュータを用いた

図表 3.4-4　マイクロソフトの Copilot in Azure Quantum

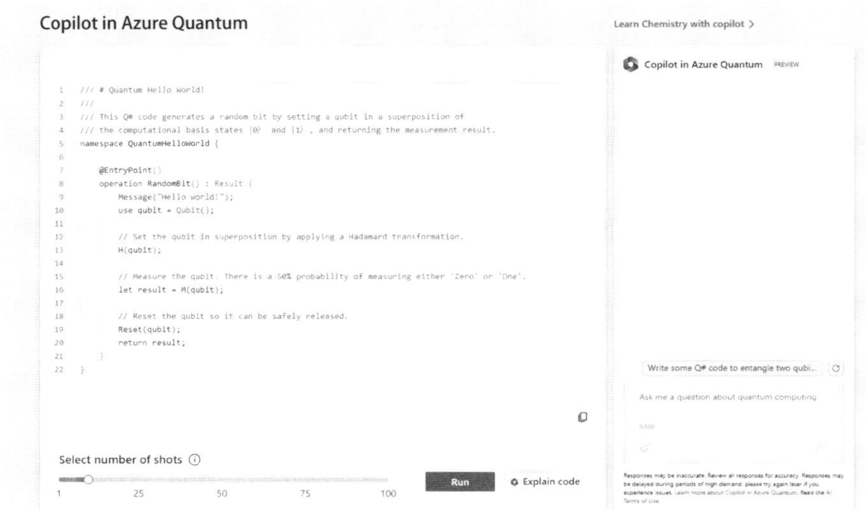

（出所）マイクロソフト（https://quantum.microsoft.com/en-us/experience/quantum-coding）

プログラミングはPythonを利用できるが、量子計算のアルゴリズムは難解である。そこで、GPUを使ったハイパフォーマンスコンピューティング（HPC）を量子コンピュータのシミュレータとして活用しながら、生成AIを活用して量子コンピュータ向けのプログラミングやシミュレーションを実行させようという提案がはじまった。

マイクロソフトは2023年6月、同社のオンラインイベントでAIと量子コンピュータを組み合わせた「Azure Quantum Elements」や量子シミュレーションなどに特化した生成AI「Copilot in Azure Quantum」（図表3.4-4）、そして同社の量子コンピュータの今後のロードマップを発表した。Azure Quantum Elementsには、Azure HPCクラスターでのスケーリングに最適化されたシミュレーションやワークフロー、AIを使用した分析環境が提供される。さらに、現在マイクロソフトがAzure Quantum上で提供している他社のNISQハードウェアを使って実験を行うためのツールも用意される。

Copilot in Azure Quantumは量子関連の計算やシミュレーションの支援に特化して訓練された生成AIである。基盤となる大規模言語モデルにはオープンAI（OpenAI）の「GPT-4」を使用する。組み込み型コードエディタやコードコンパイル機能が用意されており、他のマイクロソフト製品で利用できるCopilot同様に、AIの支援を受けることが可能だ。

マイクロソフトは量子コンピュータブームの到来以前からデルフト工科大学との共同研究を行うなど、長らく量子コンピュータ研究に取り組んできた。しかし、グーグルやIBMが量子コンピュータの開発を進め、華々しくメディア向けに試作品を披露する中で、同社のハードウェア開発は出遅れていた。今回の発表は、主として化学計算や材料開発を行う研究者向けにクラウド型のHPCの利用を促そうというものである。しかしながら、Copilotによると量子コンピュータのロードマップの発表を通じて、同社は量子コンピュータの有望アプリケーションが創薬、化学や製造業におけるシミュレーションであることを示した。今後は、この領域でユーザーの囲い込みを進めながら、将来の量子コンピュータユーザーとしての橋渡しを加速させると予測される。

マイクロソフト以外にも生成AIの力を借りて、量子コンピュータ時代の到来に備える企業が登場している。Zapata Computing（ザパタ・コンピューティング）である。同社は量子コンピューティングの分野で長い歴史を持つが、最近では古典と量子両方のコンピューティングにおける生成AIに力を入れ、社名も2023年5月からZapata AIへと変更した。2023年1月、Zapataは量子コンピュータの有望分野の1つである最適化計算において生成AIを活用する「Zapata's Generator Enhanced Optimization（GEO）」フレームワークを発表した（図表3.4-5）。従来の最適化計算では、最適化アルゴリズムを使って解の候補を求め、コスト関数の計算結果が最小になれば、求めるべき解とする（図表3.4-5の点線枠内のフロー）。この従来手法で得られた解に加え、GEOでは量子コンピュータや量子シミュレータを使って生成モデルを学習させる。既存の最適化アルゴリズムに基づく解と生成モデルに基づく解の

図表 3.4–5　Zapata's Generator Enhanced Optimization（GEO）のアーキテクチャ

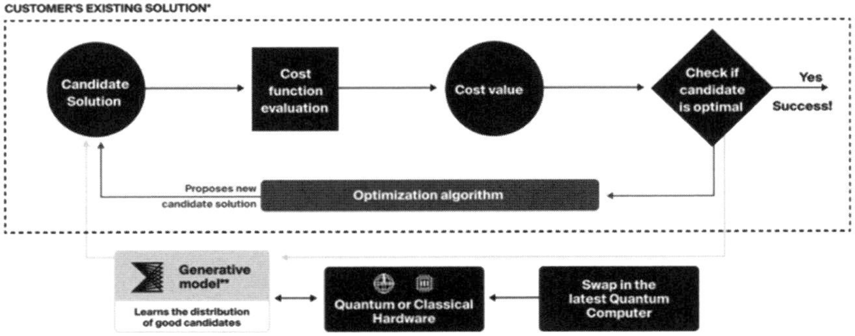

（出所）Zapata AI「The Near-Term Promise of Quantum Generative AI」（https://zapata.ai/wp-content/uploads/2023/04/qml-white-paper.pdf）

うち、最良のものを解の候補にする。このサイクルを繰り返し、最適化計算結果の精度を上げることができる。この手法は高速取引のように数秒以内に解を求めるような計算には向かないが、ポートフォリオの最適化や人員配置やモビリティ分野における燃費の最適化、小売や流通分野における在庫の最適化などに適用できるという。

2023年4月にZapataとマサチューセッツ工科大学の研究チームがBMWと行った検証実験では、複数の工場にわたるBMWの複雑な車両生産スケジュールに対し、GEOを使ったシミュレーションを行い、71%の確率で古典コンピュータを使って学習したモデルと同様あるいは、それよりも優れたモデルを作成したことを確認した。

3.4.3　量子機械学習という新たな挑戦

量子機械学習（QML：Quantum Machine Learning）では、量子コンピュータを使って機械学習を行う。この分野の研究は日が浅く、現在でも新しい量子機械学習アルゴリズムが提案されている。量子機械学習は、古典コンピュータを使った機械学習との類似点もあるが、本質的には異なる。そも

図表 3.4–6　量子機械学習（QML）の分類

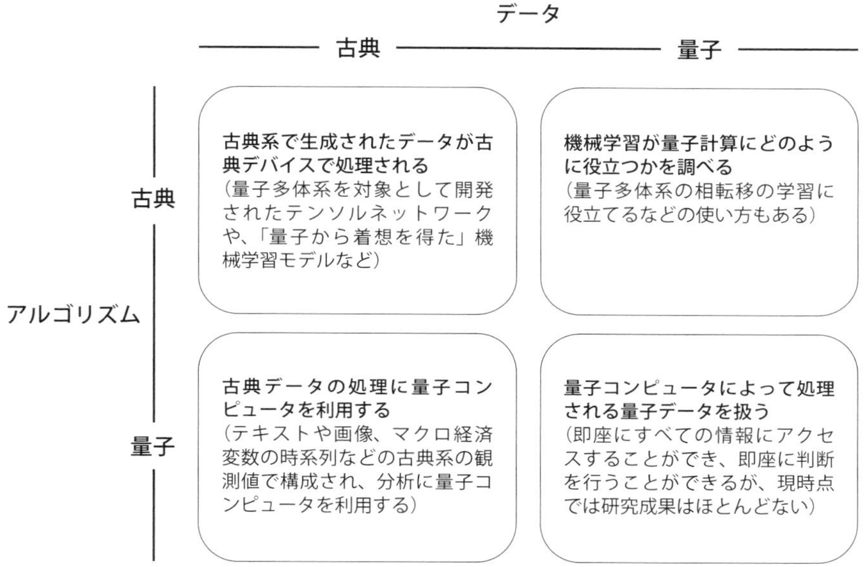

（出所）Maria Schuld、Francesco Petruccione『量子コンピュータによる機械学習』（共立出版）より野村総合研究所作成

そも量子機械学習で利用するデータが古典なのか量子なのか、計算アルゴリズムが古典アルゴリズムなのか量子アルゴリズムなのかによって、4つのバリエーションが可能であるからだ（図表3.4–6）。現在のところ、量子機械学習について議論する場合は、「データが古典で、アルゴリズムが量子」と「データが量子で、アルゴリズムが量子」を示すことが多い。ただし後者は実現性に乏しく、現在は「データが古典で、アルゴリズムが量子」への注目が集まっている。

量子コンピュータの本質的な特徴である、計算並列性や線形演算を利用すれば、機械学習で行われる学習や推論が古典コンピュータよりも高速かつ精度高く実現する可能性がある。量子コンピュータによる機械学習は、指数関数的に高速に特定の一次方程式を解くHHLアルゴリズムを発端にするといわれる。HHLアルゴリズムとは、ホロー（Aram W. Harrow）、ハシディム

（Avinatan Hassidim）、ロイド（Seth Lloyd）らによって2009年に発表された理論で、量子位相推定を使用して効率的に逆行列計算を行う手法に関する理論である。サポートベクターマシンやクラスタリングなど古典機械学習で利用されるアルゴリズムは、HHLで扱う問題に帰着させることができる。これらは、高次元のベクトルを量子状態にマッピングできるため、量子コンピュータであれば高速に問題を解けるものの、HHLアルゴリズムは、現在のNISQでは実行ができない欠点がある。

2014年には、古典と量子のハイブリッド方式からなる量子機械学習アルゴリズムが登場し、数百量子ビットのNISQを用いた最適化や量子シミュレーション、機械学習の問題を解くアルゴリズムとして、変分量子アルゴリズム（VQA：Variational Quantum Algorithm）が開発された。変分量子アルゴリズムは、量子回路上に構築された目的関数を観測値として測定し、パラメータを調整しながら計算を繰り返し、目的に近づけるように量子回路の振る舞いを最適化していく手法である。

2018年、当時大阪大学の大学院生であった御手洗光祐氏によって提案された量子回路学習（QCL：Quantum Circuit Learning）もVQAに基づく。このアルゴリズムは、NISQの量子コンピュータを機械学習に応用するためのものである。深層学習では、深いニューラルネットワークを用いて複雑な関数の近似を行うことで、入力と出力の関係を学習し、新しいデータに対して予測を行うことができる。一方、問題サイズの増大などの影響により、指数関数的に学習性能が低下していってしまう勾配消失問題が起こるなどの課題がある。この結果、量子機械学習で有益な結果を出すためには、FTQCの登場か新たなNISQ向け量子機械学習アルゴリズムの発明を待たねばならない。

以下に量子コンピュータ向けアルゴリズムのうち、機械学習に関連するものを記載する（図表3.4-7）。

図表 3.4-7　量子機械学習向けアルゴリズム

	アルゴリズム	用途
FTQC 向け	HHL 線形ソルバー (Harrow, Hassidim and Lloyd)	
	量子主成分分析 (QPCA：Quantum Principal Components Analysis)	量子データの PCA（主成分分析）
	量子サポートベクターマシン (QSVM：Quantum Support Vector Machine)	量子データを用いた SVM（サポートベクターマシン）
	量子深層学習	制限ボルツマンマシンのネットワークの学習
NISQ 向け	量子回路学習 (QCL：Quantum Circuit Learning)	教師あり機械学習
	量子ニューラルネットワーク (QNN：Quantum Neural Networks)	教師あり機械学習
	量子敵対的生成ネットワーク (QGAN：Quantum Generative Adversarial Networks)	教師なし機械学習

（出所）研究開発戦略センター『みんなの量子コンピューター——情報・数理・電子工学と拓く新しい量子アプリ』（CRDS-FY2018-SP-04）より野村総合研究所作成

3.4.4　新たなバズワード「量子AI」への期待

生成AIの世界的なブームと量子コンピュータへの期待が相まって、「量子AI（量子人工知能）」という新しいキーワードが登場している。量子AIの厳密な定義はない。しかし、両者とも今後のデジタル社会を支える重要技術として期待が高く、量子AIと名前を冠したプロジェクトが複数進行している。

たとえば産業技術総合研究所は、2023年7月に「量子・AI融合技術ビジネス開発グローバル研究センター（略称：G-QuAT）」を茨城県つくば市に設立した。同センターでは、量子コンピューティング技術とAIなどの古典コンピューティング技術の相互補完的な利用による高度な融合計算技術を確立し、この新たな融合計算技術の社会実装を目指して、量子コンピュータを活用したユースケースを創出するという。具体的には、量子シミュレータなどの実行に適したGPUスーパーコンピュータ（ABCI-Q）を新たに設置し、量子・古典アニーリングマシンや量子コンピュータシミュレータを統合したクラウド環境を整備し、ユーザー企業と連携して研究開発に取り組む。これまで、産業技術総合研究所はGPUを搭載したAI用スパコン「ABCI」を18年から運用し、2023年3月時点で約3000人が研究などに活用してきた。GPUを増強して新設するABCI-Qは、ABCIの約2.5倍の計算能力を持つという。

現在のところ、量子AIが示すものはあいまいであり、量子とAIという2つのキーワードを足した新たなバズワードの域を出ていない。しかしながら、GPUという現在使用できる強力なコンピュータパワーを用いてAIのモデル構築や推論、シミュレーションを行いながら、新たな量子機械学習アルゴリズムを実装した量子コンピュータを使うなど、古典コンピュータと量子コンピュータの適材適所の活用が期待される。量子AIを取り巻く今後の動向に注目である。

第 4 章

生成AIの課題と社会的影響

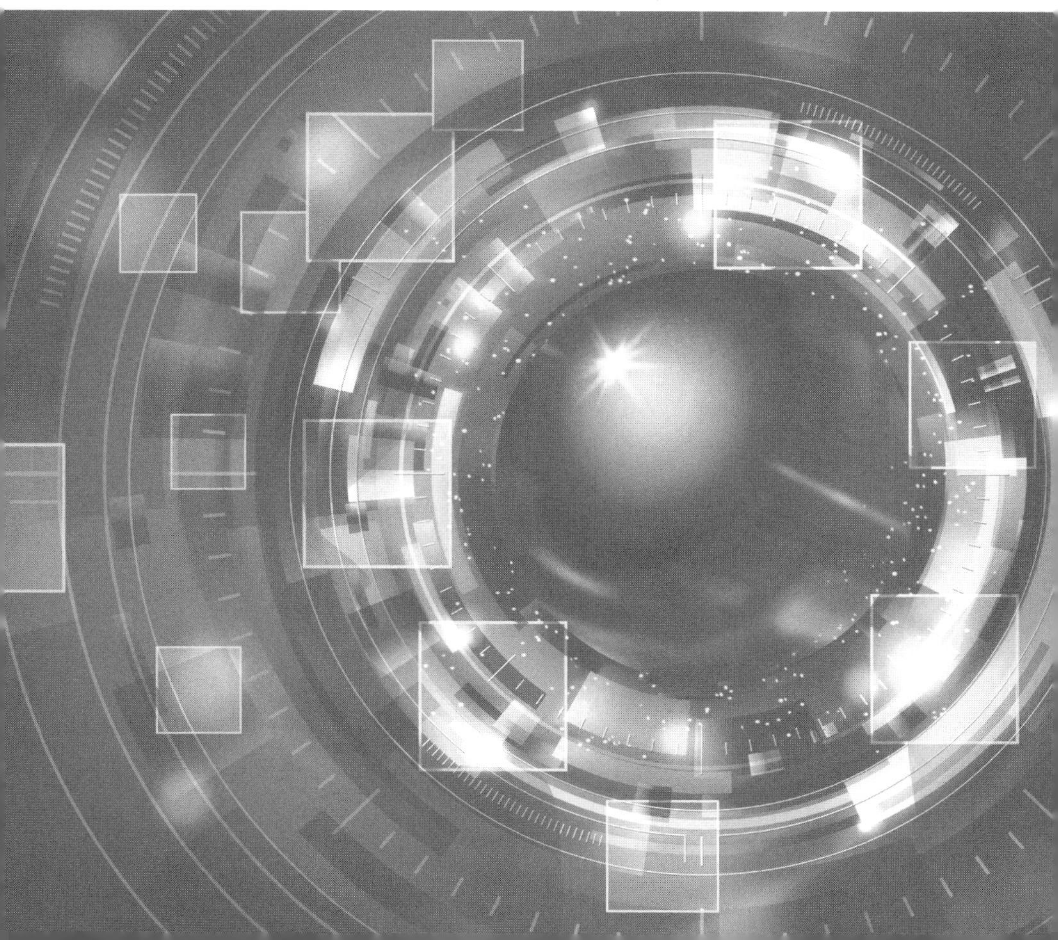

4.1
生成AIを取り巻く課題と背景

生成AIの普及は、ビジネスだけでなくわれわれの日常生活に大きな影響を与えている。AI技術と人間社会との関係の議論は、深層学習技術の発展に伴って、人間vs.AIという軸で注目されてきた。たとえば人間の活動をAIに置き換えることができるのか、置き換えたらどのような問題が起きるのかという議論が中心であった。技術の進展が目覚ましい昨今の生成AIにおける観点ではこれまでのAIシステムの運用という課題から適正な開発・利用という課題へと移り変わっている。

1つめのAIシステムの運用課題では、早くは2015年にAlphaGoが囲碁で人間を負かす場面において注目された。人間に匹敵する精度の画像認識やテキスト処理をするモデルが考案されたことも大きく、人間を負かす能力を持ったAIが開発されたことが一般社会でも話題になったことで議論され始めた。

2018年以降はBERTと呼ばれる汎用言語モデルが提案され、さまざまな自然言語処理タスクにおいて、それまでの精度水準を超えること、AIエンジニアやデータサイエンティストが簡単に利用することができるようになったことがきっかけであった。

そこで起こった変化は実際に人間に代替するモデルを作り、業務オペレーションへの適用が現実化したことだ。当初のAIモデルに課された役目はデータを見て「判断する」「認識する」「抽出する」ことだったが、その精度は長年業務に携わってきた者や専門家を凌駕するケースもあり、専門家vs.AIという構図が浮かび上がった。しかし、AIが判断の根拠を提示したり、根拠を説明することが難しかった。つまり、AIの大きな課題として、導入システムにおける判断のブラックボックス化やその責任の所在などが注目された。

2つめの適正な開発・利用の課題として、AIサービスが、Webサービスとして、一般ユーザーへ普及したことで議論が始まった。これまでのAI技術は、そのモデルが公開されていても、AIエンジニアやデータサイエンティストがユーザーであり、リテラシーがある人向けに公開されるものだった。そのため、何か社会的に影響が起きたり、損害をもたらす可能性がある場合には、事前にリスクアセスメントが行われることで防がれていた。しかし、ChatGPTをはじめ今日の生成AIは不特定多数が利用可能となるサービスとなっていることから、一般ユーザーの利用によるリスクが顕在化することが懸念されている。

4.2 生成AIにおけるリスクと課題

AIで元来議論されてきたものの中には、生成AIによって解決に近づいたものもあれば、より課題が複雑になったものもある。

前節で述べたように、AIを取り巻く具体的な課題はさまざまあるが、生成AIにおいて顕著となった適正な開発・利用の議論は、データやモデルの大規模化と一般ユーザーに普及したことにある。ここでは、生成AIの登場によって、現れた課題を整理する。

4.2.1 大規模なデータの取得と品質のコントロール

生成AIの利用に関して、法規制までの大きな議論が沸き起こった理由として、品質管理が困難なほどの大規模なデータを利用するという背景がある。大規模なデータには想定しないデータが混在していたり、またそのようなデータで学習したモデルが意図しない出力をすることにつながっている。そのため、モデルの品質を決める大きな要因と考えられている。

まず、生成AIが精度の良いモデルを構築するためには、巨大な構造のモデルを構築するとともに、大量の学習データが必要となる。そのため、生成AIを作る競争では、大規模なデータをどのように取得するかが焦点となり、その中で個人情報や機密情報が不適切に利用されるケースが増え、議論を呼んでいる。

生成AIモデルを広範なタスクへ対処可能とさせるためには、多様なデータを学習データとして事前に用意する必要がある。このとき、特定のタスクに関する数値データだけではなく、一般的な表現や知識をAIに与えるために、さまざまなテキストや画像データを広く収集する必要がある。そのため、通常単一の組織内のデータだけでは不足することがほとんどである。

たとえば、アメリカのブルームバーグ社とジョンズ・ホプキンズ大学に所属する研究者らが、2023年3月に金融や経済に関する専門的なチャット対応ができるBloombergGPTを発表した。このモデルが学習に利用したデータは図表4.2-1の通り、ブルームバーグ社のニュース記事データは0.7%にすぎず、金融関係のWebサイトや財務関連の報告書などを集めたデータが51%、一般のWebサイト情報を集めたデータが49%となっている。特定の領域に特化したモデル構築であっても、一般的な知識や情報のデータの量は同等に必要であることがわかる。

通常、このような大規模かつ広範なデータを独自に集めるには、非常にコストがかかるため、公開データセットが使われる。たとえば、非営利団体のコモン・クロール（英名：CommonCrawl）はWebサイト情報を機械的に収集・加工して提供している（CommonCrawlデータセットと呼ばれる）。また、このデータセットをベースとして、グーグルが権利関係データや差別的な投稿などの有害コンテンツを除外処理した、「Colossal Clean Crawled Corpus（C4）」も一般的な公開データセットとして利用されている。

メタ（旧フェイスブック）が公開したLLaMAモデルの学習データにも

図表 4.2–1　BloombergGPTが利用するデータセットとその内訳

ドメイン	データ	割合（%）
金融	FinPile	51.27
	Web	42.01
	News	5.31
	Filings	2.04
	Press	1.21
	Bloomberg	0.70
一般	PUBLIC	48.73
	The Pile	25.90
	C4	19.48
	Wikipedia	3.35
総計	TOTAL	100.00

（出所）『BloombergGPT：A Large Language Model for Finance』表1より野村総合研究所作成

CommonCrawl（67%）やC4（17%）など、公開データセットが中心となって使われている。CommonCrawlデータセットには、著作権で保護された作品が含まれており、それらはフェアユースと呼ばれる研究開発などの非営利的な目的の活動でのみ利用が認められている。ゆえに、このデータを使って学習させたモデルは、商用利用が認められないことが多い。

除外処理を施したC4データセットにおいても、プライバシー情報、権利関係のあるデータや有害なコンテンツが紛れ込んでいることが報告されており、データセットを原因として、生成AIが不適切なデータをそのまま、あるいは非常に似た形で生成してしまう懸念は残る。データが巨大になることは、データの品質のコントロールが難しくなることを意味し、モデルの品質にも影響をもたらすことになるのである。

モデルの開発競争が激化し、データ収集の過程でプライバシーや権利の扱いがないがしろにされる可能性が高まっていることは、今日のAI規制の大きな議論のテーマであり、ユーザー・開発者ともに悪意がなくとも不適切データが紛れ込んでしまうことと、いったん流出してしまうと削除が難しいことが問題を複雑にしている。

特に、生成AIの発表以降、ユーザーの入力を新たなデータとして学習する機能を持つかどうかがユーザー側にわからず、許諾なくユーザープライバシーデータや著作物が入力とともに収集されてしまう懸念があり、利用を禁止することを定めた政府や組織もあった。昨今では、大手の生成AIサービスでは、ユーザーのデータをモデルの学習データに利用しないことが規約に明言されることも増えてきている。たとえば、Azure OpenAIのサービスでは、利用規約に入力データを学習に使わないことが明言されており、ビジネス上の利用も増えてきている。これは、ユーザー側とモデル側の健全な利用を促進する配慮したしくみ作りとして、スタンダードになってきている。

最後に、生成AIモデルには商用利用等が認められないなどの、利用方法が制限されるものがある。たとえば、CommonCrawlデータセットを学習データに含むため、モデルの商用利用が不可とされていることもあれば、生成AIの生成結果を競合・類似となるモデルの学習データとして利用することが禁止されていることもある。しかし、ある利用が制限されているモデルのプログラムが流出し、それをベースにして、派生のモデルが作られるケースも多い。そして、そのモデルが自由利用と謳われ配布されていることもある。その場合、元のモデルの利用権や権利関係を侵害するデータが生成される危険性が高いなど、あいまいなままモデルを利用することとなり、注意が必要となる。データやモデルの権利関係がどのようになっているか、不適切なコンテンツを含んでいるかなど細部まで確認することは難しいのが現実だ。このように、データの大規模化はモデルの品質コントロールの難しさにつながってしまう。次に記述する意図しない出力や有害なコンテンツを生み出す大きな要因となっている。

4.2.2 不特定多数のユーザーによるAIの入出力

昨今流行している生成AIは、エンジニアやデータサイエンティストだけでなく一般ユーザーが広く利用することができる点が、これまでとは大きく異なるポイントである。たとえば、これまでのAIでは、専門知識を持つ人が出力の調整等を行い、その結果がユーザーに提供されていた。さらに、ユーザー自身がAIの入出力をコントロールすることは少なかった。

しかし、生成AIサービスでは、不特定多数のユーザーに利用が開放され、専門家や監督者のいない環境下で、自由にプロンプトを通してAIの入出力が行えるようになっている。つまり、その利用が不特定多数のユーザーのリテラシーに依存している。

特に、テキスト、画像、映像といった人間の知覚に訴える説得力の高いデータを作り出すことができる点は大きな技術的躍進でもあるが、その信憑性を疑わずに意思決定を行ってしまうことや、偽情報を生成し悪用することなどが社会問題となって議論を呼んでいる。

生成AIの利用においては、AIや生成物自体が完全でないことは認識しておきたい。ある情報が生成されても、当然それが真実であるとは限らないし、その回答がもっともらしいこともあるため、その根拠を確認することが必要である。

特に、生成AIに対して、問い合わせや特定の事項について解説を求めるような入力を与えたときに、もっともらしい偽の情報が生成されることがある。これはハルシネーションと呼ばれる。生成AIモデルを構築するときの学習データやモデル制御技術の不備によって、ユーザーの求める答えに対して適切な回答の生成に失敗することによって起こってしまう。一見、もっともらしいが事実として誤った回答が生成されるため、その結果を鵜呑みにしてしまったユーザーが誤った意思決定を行った場合、何らかのトラブルにつながる。生成AIの回答にその正確性は保証されておらず、ユーザーの確認

図表 4.2–2　ハルシネーションの例（仮）

ChatGPT	
田村	野村総合研究所の本社所在地を教えてください。
	野村総合研究所（Nomura Research Institute、NRI）の本社所在地は、日本の東京都港区赤坂にあります。
田村	港区赤坂ではないですよね？
	おっしゃる通り、失礼しました。野村総合研究所（Nomura Research Institute、NRI）の本社所在地は東京都港区芝浦にあります。赤坂ではありません。訂正していただき、ありがとうございます。

（出所）ChatGPTより野村総合研究所作成

と責任が必要となるが、多くのユーザーが利用することによって、リスクがトラブルとして顕在化してきた形になる。

ハルシネーションの顕著な例として、野村総合研究所の本社所在地をLLMに問い合わせた結果として図（図表4.2–2）のようになることがある。実際は、千代田区大手町だが、回答は港区赤坂と表示される。さらに、誤りを指摘しても、実際の所在地が回答されることはない。

このように、専門領域や個別性の強い事情に対して、問い合わせを行った場合に、誤った情報が生成されることが多い。また、その生成物の真実性に対して、生成AIを問いただしても間違いであることが訂正されることも少ないため、生成AIとのやり取りの中だけでの正しい情報の取得は難しいことがわかる。一見すると、AI自身のブラックボックス性をAI自身が説明することで解消しているように思えるが、その出力を受け入れる人間側のリテラシーの問題へと変わっているのである。

ハルシネーションは生成データの信憑性という観点で、ユーザーのリテラシーにつながる問題だが、一方で、生成AIを用いて、意図的に偽情報を生成するディープフェイクと呼ばれる事件も増加している。これは、実在の人物や風景によく似た偽の動画、写真、音声を作成し、特に、社会の混乱や不安を煽ることや、特定の意見の形成を目的として、SNS上などに画像や映像を投稿することだ。

話題となったのは、ロシアがウクライナに侵攻した2022年に、ウクライナのゼレンスキー大統領が同国民の兵士や市民に、ロシアへ投降するように呼びかける偽動画がSNS上で出回った事件がある。偽情報であることは、すぐに報道されたものの、世論や戦況を誘導する目的での「ディープフェイク」技術の利用は、生成AIが悪意ある利用によって社会へ多大な影響を与える可能性があることが示唆された。

国内では、2022年に静岡県を襲った台風被害に関して、被災地の様子として水没する市街のフェイク画像がSNS上で出回った。フェイク画像の拡散による直接の被害はなかったものの、水害対応への批判や被害の大きさの不安などが重なり、SNS上では瞬く間に拡散された。

最近では、2023年5月に、アメリカ・ワシントンにある国防総省近くで大規模な爆発が起きたとされる画像がとあるアカウントに投稿された。生成AIによる画像とわかるまでに、テロ発生等の情報が錯綜し、株価の下落など株式市場に混乱を与えている。

ハルシネーションと同様に、ディープフェイクは偽のコンテンツや誤った情報の拡散につながり、深刻な社会の混乱を引き起こす可能性がある。これらのことを規制する目的で、サービス提供者がユーザーに悪意のある利用を禁止する規約を作るものや、政府がAI開発においてモデルの機能に制限を設けるようガイドラインや法制度を制定することも増えてきている。

4.3

各国の取り組み

生成AIの開発競争の激化から、個人情報、著作権、知的財産、機密情報などのデータの扱いがないがしろにされていること、生成AIが、人間が見間違うほどの高精度な情報を生成することによる事例が積み重なり、国家レベルでの規制やルール作りが急ぎ進められている。日本は、世界的に見ても早期からAIのガイドラインの策定が進められ、総務省「AIネットワーク社会推進会議」が2017年に「AI開発原則（案）」を、同会議は2018年には「AI利活用原則」を公表している。加えて、2019年には「人間中心のAI社会原則」が策定されている。昨今の生成AIにおける展開においてもG7デジタル・技術閣僚宣言閣僚声明「責任あるAIとAIガバナンスの推進」などで、データの適正利用や偽情報への対処に向けた責任ある形でのAI活用を目指すことで諸外国と協調している。

閣僚宣言 G7デジタル・技術大臣会合（2023年4月30日）

> 47. 生成AI技術が国や分野を超えてますます顕著になっていることを踏まえ、これらの技術の持つ機会と課題を早急に把握し、これらの技術が発展する中で、安全性や信頼性を促進し続ける必要があると認識している。われわれは、AIガバナンスや著作権を含む知的財産権の保護、透明性の促進、外国からの情報操作を含む偽情報への対処方法や、責任ある形での生成AIを活用する可能性といったテーマを含む生成AIに関するG7における議論を引き続き行うための場を設けることを計画している。これらの議論は、専門知識を活用し、政策展開の影響に関する分析を検討するOECDや、関連する実践的なプロジェクトを実施するGPAIなどの国際機関を活用する必要がある。

G7広島AIプロセス G7デジタル・技術閣僚声明（2023年9月7日）

> (2) 高度なAIシステム（基盤モデルや生成AIを含む。以下同じ。）に関する国際的な指針（guiding principles）および行動規範（code of conduct）の策定
> (3) 偽情報対策に資する研究の促進等のプロジェクトベースの協力

現在の日本では、AIの社会受容に向けてはガイドラインの策定という形が主であり、法規制を大きく変えることは行われていない。各業界団体の自主規制に委ねる形になっているものの、各業界団体からは生成AIの利活用に関して、法改正を含めたさまざまな声明が出され、今後の動きには注視していく必要がある。

具体的には、産業界では自社のデータやコンテンツがAIモデルの学習データとして利用されてしまうことによる著作権・知的財産権の問題に関して、懸念が広がっている。他には、画像やテキストを容易に生成できることから、創作活動に関わる団体からのコンテンツ保護を求める声明が相次いでいる。

特に著作物に類似するものが生成されるなどしても、著作権法では保護されないケースもあり、創作・芸能領域に大きな影響を与えている。

2023年5月には、俳優や音楽家などで作る日本芸能従事者協会が、生成AIでの学習データに芸能従事者の活動や創作物が取り込まれ、当事者の知らないところで作品が利用されることに懸念を表明している。そのため、「肖像」「声」「動き」などに関する権利も法律で明文化するとともに、どのようなデータがモデルに利用されたのかを開示する義務などを求めている。

他にも、8月には日本写真家協会は、生成AIで生成された画像を、既存の著作物をもとにした「翻案（二次的創作）」に相当すると考え、一次著作者の権利がないがしろにされていることに懸念を表明している。同じく、日本新聞協会、日本雑誌協会、日本写真著作権協会、日本書籍出版協会が、現行の著作権のあり方では、諸外国に比べ、AI学習に極めて有利であり、権利

図表 4.3-1　AI 利用におけるリスクシーン（仮）

分類	具体的な場面	規制の内容
許容できないリスク	・潜在意識への操作 ・公的機関の社会的スコアリング ・法執行目的の公共でのリアルタイム識別	AI の利用の禁止
ハイリスク	・既存規制下の医療・産業製品など ・教育・雇用・インフラ管理、法執行	法令による AI システムの適合性評価が行われる
限定リスク	・チャットボットの利用 ・ディープフェイク	透明性 ・AI であることの通知 ・AI 生成物であることの明示
最小リスク		行動規範の策定など

（出所）『EU AI Act: first regulation on artificial intelligence』より野村総合研究所作成

保護が十分ではないと指摘した。

生成AIを構築する際の学習データに、創作芸能活動におけるタレント・声優や新聞メディア等のさまざまなクリエイティブが含まれないことの保証を求める声は大きく、著作権法の動向については今後も注視が必要となる。

EUでは、日本・アメリカのようにガイドラインで自主規制を促していくアプローチとは対照的に、積極的な法規制が行われている。2016年に策定されたEU一般データ保護規則（GDPR）をはじめとして、2023年6月にはEUでAI Act（EUのAI規制案）と呼ばれる、初の国際的なAI法案が採択された。EUのAI規制案では、AI利用におけるリスクをシーンに応じて4つに分類している（図表4.3-1）。

この「禁止」対象となるAIシステムを運用した企業には、重い制裁金が科せられる。また、EU域外におけるAIサービス提供事業者も対象になり、今後の国際的な法整備において重要な規制として参照されることが考えられる。

生成AIの適正な利用を促していくために、日本やアメリカなど、現時点では主にガイドラインを制定して、業界や組織での自主規律で進めていく国と、EUのように法令で規制していく国の2つのアプローチがとられている。

国内では、先述のように各業界団体が法令改正を求めているのが現状であるが、今後は具体的な法改正の議論が整理されていくと考えられる。一方、EUのように厳格なAIの規則が作られた例は現段階でまだ珍しいが、日本やアメリカでも、AIの利活用を中心にEUの規制を参考とした議論が出てくることが期待される。

第5章

生成AIのビジネス活用のはじまり（業界別）

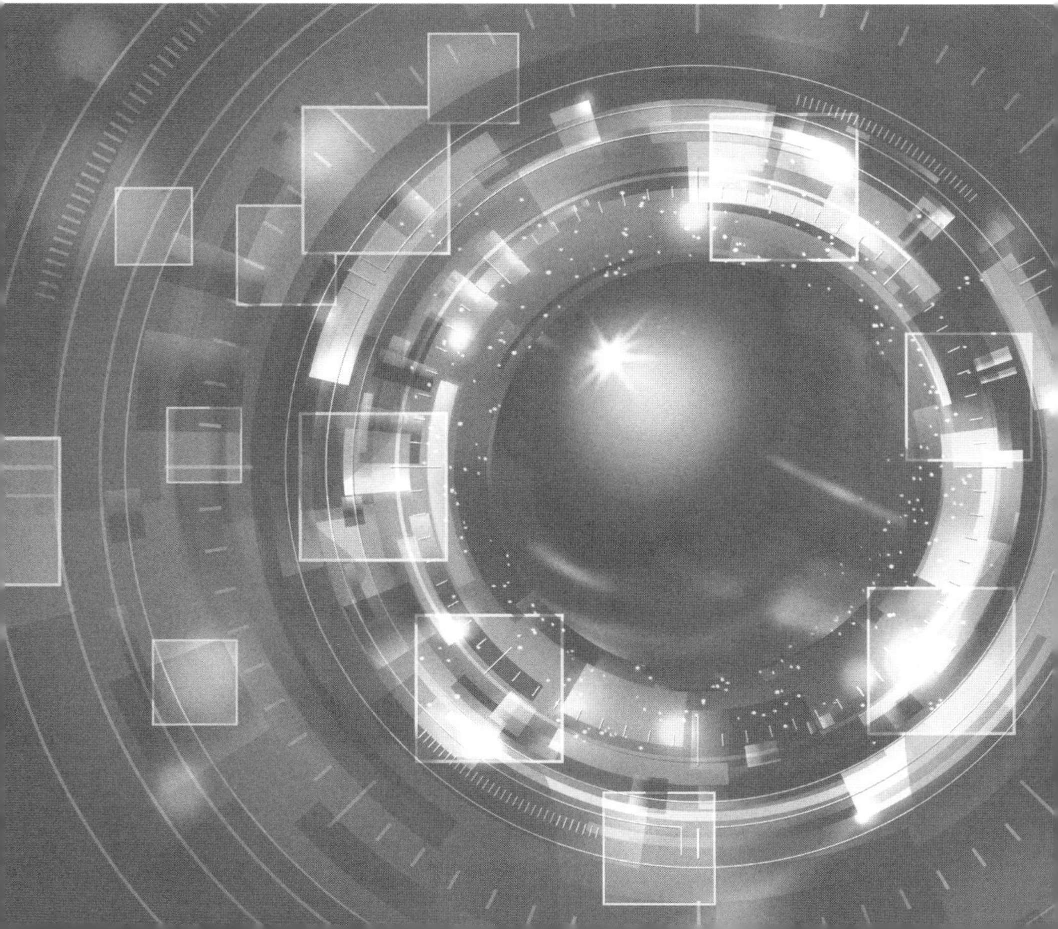

現在、生成AI技術のビジネス活用が、さまざまな業界で急速に進展している。この技術革新は、従来のビジネスモデルを変革し、新たな価値創造の可能性を広げている。本章では、そのような変化の最前線に立つ、業界別の生成AIのビジネス活用事例を紹介する。

5.1 製造業界（自動車・電子電機・医薬品など）

ここ数年、生成AIに限らず製造業におけるAI投資は大きく伸び続けている。この成長は生成AIの登場でさらに加速している。市場調査会社マーケッツアンドマーケッツの調査[1]によれば、世界の製造業におけるAI市場は2023年に32億ドルと評価、2027年には163億に達し、年平均成長率は47.9%にもなると予測している。

その投資は製造効率の向上、製品品質の向上、コスト削減、新しいビジネスモデルの創造など、さまざまな形で現場に現れている。たとえば製造業における生成AIに限定しないAIの活用には、主に以下のようなものがある（図表5.1-1）。

これらにはAIといっても、それぞれまったく異なる技術が使われている。たとえば需要予測であれば統計学的な手法のほうが好まれる場合も多くあるが、異常検知は純粋な機械学習の手法が用いられる。輸送最適化はそれだけで最適化問題の1分野を築くほどに複雑な問題となる。製造業においては、現在でもさまざまなAIが活用されているが、本節では生成AIが現在どのよ

1 MarketsandMarkets（https://www.marketsandmarkets.com/Market-Reports/artificial-intelligence-manufacturing-market-72679105.html）

図表 5.1-1　製造業における代表的な AI システム

領域	用途	概要
開発・設計	コンピュータ設計支援（CAD）	設計プロセスの効率性を向上
	性能シミュレーション・モデリング	製品の性能をシミュレーションし、設計段階で最適化
	材料最適化（マテリアルインフォマティクス）	大量の材料の実験データを解析し、性能改善に利用
	新製品開発アイデア生成	顧客の声を分析・要約し製品改善に利用。マーケティングメッセージ等
計画	需要予測	製品販売等の過去データを用いて、製品改善やマーケティングメッセージに利用
	在庫最適化	在庫水準を最適化し、過剰在庫と品切れを抑止
製造	生産計画	複雑な生産条件を考慮しつつ効率の良いスケジュールを割り出す
	輸送最適化	輸送経路や輸送方法を最適化し、配送効率を向上
	エキスパートシステム	熟練者の知見や不具合報告といった暗黙知から整理し、将来の不具合発生への対処方法を提示する
	異常検知	センサーデータを分析し、製造プロセスの異常を早期に発見
	画像検査	画像処理によって外観から製品不具合を検知
保守・サービス	予測メンテナンス	機械の部品やシステムの状態を監視し、実際に故障する前にメンテナンスを実施
	顧客チャットボット	顧客応答を自動化し、問題解決までに掛かる時間を短縮しつつコストを削減

（出所）野村総合研究所

うに使われているか、どの業務なら活用しやすいのかを紹介する。

野村総合研究所が2023年10月に日本人の一般就労者を対象に実施した「AIの導入に関するアンケート調査」によると、トライアルを含む製造業における生成AIの業務への導入状況は13.7%で、全体平均の12.1%よりも高い結果となっている。しかし、すでに業務で使用している割合は、全体が4.4%であるところ製造業は3.7%であるため、生成AIの業務活用は、まだトライアルを進めていて手探りの状況ともいえる（図表5.1-2）。

図表 5.1-2　製造業における生成 AI の業務への導入状況

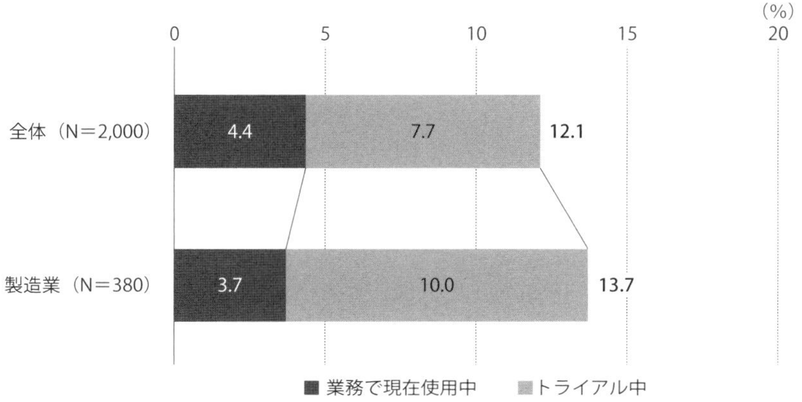

（出所）野村総合研究所

製造業の現場では、生成AIが多方面で活用されているが、ビジネスの現場で活躍している4つの生成AIの基本的な能力とその適用事例について概説する。

5.1.1　製造業における情報の検索と統合

ビジネス分野での生成AIの応用において、「情報の検索と統合」という取り組みが特に盛んに行われている。毎日山のように蓄積されるデータの中から、人間が必要としている情報を瞬時に探し出し、目の前の課題を解決する内容に加工する。これができればビジネスの現場が一段スムーズになるからだ。企業内に大量に蓄積された情報の例として、実験報告書や障害報告書などがあるが、多くはWord、Excel、PowerPoint、PDFといったファイル形式を取っている。これらのデータを人手で1つずつ開けて探し出すのは非効率極まりない。しかし、生成AIを活用すれば、解きたい課題を質問の形で投げかけるだけで、素早く関連する情報を抽出することができる。そこで、第3章でも紹介した「RAG（Retrieval Augmented Generation）」というテクノロジーが大きな注目を集めている。これは生成AIが複数の社内文書や外部の情報（インターネットなども含む）などのデータを検索し、その情報をもとに正確で有用な回答を生成する技術である。AIがただ過去に学習したデータに基づき回答を繰り返すのではなく、RAGによって最新かつ正確な情報を提供できるため、「誤回答を避けたい」「ソース（エビデンス）が知りたい」といったビジネスの現場のニーズと噛み合っていることが、これらの取り組みが盛んになっている理由といえるだろう。

自動車の金属加工部品メーカーである旭鉄工では、社内に蓄積された製造現場の改善活動事例集「横展アイテムリスト」をChatGPTに読み込ませ、従業員が知りたいことを言葉でChatGPTに問い合わせるだけで、横展アイテムリストから適切な過去の改善事例を答えるしくみを構築した。将来的にはこのしくみを「カイゼンGAI（Generative AI)」として、同社の子会社であるi Smart Technologiesを通じて、外部にも提供する予定だそうだ。

モノづくりという点で製造業に近い、大手建設業の竹中工務店では「デジタル棟梁」という名称で、RAGアーキテクチャを利用した社内サービスを実装している。社内のルールや技術標準・事例・実績など社内に蓄積した情報を生成AIが参照することで、活用可能なナレッジに昇華させ、専門的なアドバイスや間違いの指摘を行ってくれる、というものだ。専門知識のデータとして「公共建築工事標準仕様書（建築工事編)」を生成AIに読み込ませた場合、その中に含まれる「"暑中コンクリート"について打設時の注意点を具体的に教えて欲しい」と質問すると、生成AIは「日平均気温の平年値が25度を超える期間に打設するコンクリートは、暑中コンクリートとして取り扱う」「コンクリートの練り混ぜから打ち込み完了までの時間が長い場合、遅延剤やAE遅延剤を使用できる」といった、一般的な生成AIでは回答不可能であるような、専門的な回答を実現している。

社内に蓄積された事例だけでなく、たとえば読み込ませる文書をJIS規格の標準指標書等に置き換えれば、設計しようとしている製品の必要な肉厚の数値といった、覚えきれないような細かな数値を、生成AIに聞くだけで簡単に取り出せるようになる。製造業の業務に関しては、間違った情報ソースから回答することが許されないため、即座に情報ソースにあたれる必要があること、といった厳密性に対する要求が強いため、ブラウザーから一般のChatGPTを利用するというやり方ではなく、こういったRAGアーキテクチャの利用に対して積極的に取り組んでいる状況である。

実はこのRAGアーキテクチャは、従来の機械学習に比べればそれほど実装は難しくない。参照する資料には機密が多く含まれる場合があるため、セキュリティやプライバシーの確保も重要なポイントになるが、セキュリティに配慮したデータ管理や通信経路を確保できれば、スピーディーに実装が可能だ。一方で、各社が苦慮しているのは、読み込ませるデータの前処理や品質の部分にある。機械学習の分野には“Garbage In, Garbage Out：ゴミを入れればゴミしか出てこない”という言葉がある。これは情報検索・統合のために生成AIを活用している場合においても重要な意味を持つ。入力データの品質が低いと、たとえGPT-4などのように最先端の生成AIモデルを使用していても、出力結果の信頼性や精度が低下してしまう。情報の元になっているデータがきれいに整理されたマニュアルやFAQをソースとするのであれば良いが、膨大な数の雑多な報告書といった非構造ドキュメントだと、満足のいく回答精度を得るには工夫が必要になってくるのが実態だ。たとえば報告書に画像が含まれている場合はどうするか、メールのように何度も往復しているような長い文章はどう処理するか、など対象とする情報ソースや、解きたい問題に応じて前処理を用意する必要がある。

5.1.2 製品仕様書の自動生成

生成AIの活用において、ドキュメント生成は比較的取り組みやすい領域であるといえる。仕様書や契約書といった、形式はある程度定まってはいるものの、実際に作成しようと思うと時間と労力がかかる作業は、生成AIで効率化するのに向いている。また省力化する以外のメリットも存在する。たとえば仕様書や契約書に一貫性を持たせられることだ。生成AIは実装時にプログラムされたルールやテンプレートに基づいて文章作成を行うため、生成されたドキュメントは一貫したフォーマットに従うことになる。これにより項目のヌケモレ、タイプミスといった人間が作業する上でゼロにはできないエラーを回避することができる。

製造業に特化した業務効率化ツールを提供するファースト・オートメーション社では、ChatGPTによる仕様書作成サービス「SPESILL」をリリースしている。既存の仕様管理、過去事例等をデータとして活用することで、仕様書を書いたことのない人でもシンプルな入力で作成可能にする。生成AIによる出力は都度3パターン提案され、人間目線で仕上がりの良いものを選択し、それを修正する形でドキュメントを完成させることができる。まだ2023年9月にリリースされたばかりのサービスだが、こういった専門性の高い形式的なドキュメント作成は製造業に限らず生成AIの活用対象として注目されており、今後も大きく活用が進んでいくものと予測される。

ただし現状ではいくつかの課題もある。一番の課題は生成された仕様書の正確性だ。どんなにデータや処理を工夫しても、生成AIで生み出された仕様書の正確性を保証するのは論理的に難しく、人間による検証とレビューは必要となる。実務的には人間が最終確認することを運用上前提とした上で、生成物の品質を向上させるために工夫していくことになる。もう1つの課題はAIモデルの理解度だ。専門性の高い文書を生成するためには、該当する業界や製品に関する知識にAIが学習している・もしくは検索できる必要がある。そのためAIに提供するデータに含まれていないタイプの仕様書（テンプレートやフォーマット）や、未知の製品知識が必要な書き方はAIでは対応できず、低品質の出力をもたらす結果になる。データを雑に集めるのではなく、事前にAIで対応可能な範囲を明確にすることが重要だといえるだろう。

5.1.3 ユーザーや作業者との自然なコミュニケーション

チャットボット自体は生成AIが登場する前から存在していたが、ユーザーと自然な会話をすることはできなかった。製品やサービスの操作方法、故障不具合など多数の顧客からの問い合わせに対応する必要があるメーカーが、ChatGPTを用いて問い合わせに回答しようとするのは自然なことだ。

米大手自動車メーカーのゼネラルモーターズが、自社の車両に関する顧客の質問に対話的に回答できるチャットボットを生成AIによって提供している。たとえば「GMの2024年EVラインナップについて詳しく教えてください」といった質問にすぐに答えたり、自分の車両で新しいテクノロジー機能を活用する方法を学ぶことができる。このチャットボットを自社の企業ページとブランドページに配置することで、顧客の待ち時間を減らした上で、人間が応答する必要があるリクエストにオペレーターの時間を集中させることができるようになったという。国内ではパナソニックがカスタマーサポートセンターでの消費者の問い合わせ対応に、ChatGPTベースのAI活用を開始しようとしている（2023年10月〜）。

ただ現状、ChatGPTだけを用いて、人を介さない形で消費者への応対を行うようなチャットボットを提供しているメーカーは限定的である。その原因の1つとして、「AIアラインメント」が挙げられる。AIアラインメントとは、AIシステムが人間の価値観や期待に沿った方法で機能し、悪影響を最小限に抑えるように設計することを指す。チャットボットの文脈でいうと、一番大きな問題は誤回答だ。既存のチャットボットでも期待した回答を返さない可能性というのは常にあるが、ChatGPTベースの場合は堂々と間違った回答を消費者に提供してしまうリスクが大きい。より良い応答を実現するために、カスタマーサポートセンターの過去の応答履歴でチューニングする、RAGアーキテクチャをうまく使うといった工夫は可能だが、実際に消費者向けにチャットボットを提供しようとするとこの点は大きなリスクとなる。現在、社内向けのAI利用が多いのはこのためだ。ChatGPTを使っていても、消費者向けのチャットボットでは問題が起こった際は自社責任になってしまう。ChatGPT自体の回答精度向上、誤回答を防ぐアーキテクチャ、チャットボットで回答できない場合はエスカレーションするといった運用上の工夫など、実装する際には検証すべき大きなポイントが多くある。

生成AIを活用した製造現場における作業者とコンピュータの対話もはじまっている。ヒューレット・パッカード エンタープライズとドイツのAIスタートアップAleph Alphaは、2023年4月に開催された世界的な産業技術の展示会「ハノーバーメッセ2023」で、産業用ロボットの操作をサポートする生成AIを活用したAIアシスタントのデモを行った。作業者が写真を撮影したり、音声で指示や質問をすると、AIアシスタントがそれに応答するのだ。作業者は膨大なマニュアルを読まなくても、AIアシスタントのサポートで複雑な作業を行えるようになる。Aleph Alphaは、独自で開発したマルチモーダルな大規模言語モデル「Luminous」をこのしくみで活用している。

グローバルな電機メーカーのシーメンスは、2023年10月にマイクロソフトと共同開発した、人間と機械のコラボレーションをより促進するためのAIアシスタント「Siemens Industrial Copilot」の導入を発表した（図表5.1-3）。Siemens Industrial Copilotを使用することで、作業者は複雑な自動化コードを迅速に生成、最適化、デバッグできるようになり、シミュレーション時間を大幅に短縮できる。これにより、これまで数週間かかっていた作業が数分に短縮されるそうだ。シーメンスとマイクロソフトは、製造、インフラ、輸送、ヘルスケア業界向けに同様のAIアシスタントを共同で構築する予定とのことだ。

5.1.4 最適なデザインや構造の生成

生成AIは文章を生み出すだけではない。画像生成技術は、製造業の現場

図表 5.1–3　人間と機械のコラボレーション「Siemens Industrial Copilot」

（出所）マイクロソフトプレスリリース（https://news.microsoft.com/2023/10/31/siemens-and-microsoft-partner-to-drive-cross-industry-ai-adoption/）

でも活用がはじまっている。

飲料メーカーの伊藤園は、2023年9月に発売の「お～いお茶 カテキン緑茶」について、生成AIを活用した茶葉の生命力を最大限に引き出す革新的なパッケージデザインを採用したと発表した（図表5.1–4）。デザイン・リサーチ企業のプラグが開発した「商品デザイン用の画像生成AI」のパイロット版を使い、生成されたパッケージ画像を参考に、デザイナーがイラストやデザインを作成し直し、商品デザインを完成させた。短時間で大量の多様なアイデアの創出が可能になるため、デザインの方向性の共有と意思決定が速くなり、デザイン開発の期間を大幅に削減できる効果が見込めるそうだ。なお、同社が東京大学と共同で開発した商品デザイン評価サービス「パッケージデザインAI」を活用し、多数のパッケージ画像から、どのデザインが消費者に好まれそうかを評価しながら、デザインの絞り込みを行ったそうだ。

図表 5.1-4　商品デザイン用画像生成 AI でデザインを生成

（出所）プラグプレスリリース（https://www.plug-inc.jp/news/4606/）

このような製品デザイン領域以外にも、生成AIの取り組みがはじまっている。たとえば、医薬品の創薬だ。医薬品の研究開発には長い年月がかかり、試行錯誤における成功率も高くない。そこで、過去の研究データや分子データなどを用いた「AI創薬」の取り組みが広がりつつある。

富士通と理化学研究所は、大量の電子顕微鏡画像からタンパク質の構造変化を広範囲に予測できる、生成AIを活用した創薬技術を2023年1月に開発した。この技術によって、タンパク質の形態と構造変化の推定が、従来と比較して10倍以上高速にできるようになるそうだ。富士通は、このタンパク質の構造変化の予測技術を、同社のAIプラットフォーム「Fujitsu Kozuchi (code name)-Fujitsu AI Platform」で、2023年10月10日より提供開始している。

GPUで有名な大手半導体メーカーのNVIDIA（エヌビディア）は、2022年9月に開催された同社のAI技術カンファレンスNVIDIA GTC 2022で、創薬のための生成AIプラットフォーム「NVIDIA BioNeMo」の提供を発表した。NVIDIA BioNeMoでは、生体分子に関係する大規模言語モデルを、スーパーコンピュータ並みの規模でトレーニングし、展開することができるクラウドサービスとなっている。AI創薬企業のInsilico Medicine（インシリコ・メディシン）は、BioNeMoを使用することで、従来は4年以上の期間と約5億ドルの費用がかかる初期の創薬プロセスを3倍の速さかつ1／200以上の低コストで行った。大手総合商社の三井物産のAI創薬子会社であるゼウレカは、2023年3月に開催されたNVIDIA GTC 2023で、日本国内のAI創薬研究のためのスーパーコンピュータを構築するとともに、最先端のAIサービスを提供するプロジェクト「Tokyo-1プロジェクト」を始めることを発表した。NVIDIAの最新のAIスーパーコンピュータ「NVIDIA DGX H100」が10台以上導入される予定で、ユーザーはNVIDIA BioNeMoも利用できる。プロジェクトの趣旨に賛同する国内製薬会社（アステラス製薬、小野薬品工業など）やスタートアップ企業に対して、2023年後半以降にサービスを提供する予定だ。

これらの事例は、対外的にリリースされているものを中心に取り上げたが、現在はどちらかというと社員単位で業務活用しているケースのほうが多い。現場ではアイデア出しや社内資料のドラフト作成といった、利用ルールやセキュリティのもとであれば個人で活用可能な取り組み内容がほとんどであるように思う。前述の「AIの導入に関するアンケート調査」でも紹介した通り、製造業における生成AIの業務活用は、全体平均と比べても現状は低めとなっている。

製造業で、生成AIの活用がやや遅れ気味である理由の1つに、既存のデータサイエンス技術で培われたAI技術の存在がある。製造業では長らく機械学習や最適化技術が利用されており、品質管理や生産プロセスの最適化など、製造業のコア業務に関わる部分ですでに効果を発揮している。これらの技術は具体的な数値データやセンサーデータに基づく予測や最適化を行うもので、ChatGPTに代表される生成AIが持つ言語処理やテキスト生成の能力とは異なる性質を持っている。そのため生成AIがこれら既存の技術を直接代替することは難しく、活用の幅が限定的になる傾向があると考えられる。たとえば、図表5.1-1で紹介した生産計画の最適化を行うには、「数理最適化」という技術を使うことになる。製造業の実務でこの問題を解くには専用のソルバー（高負荷の最適化計算を行う専用のアプリケーション）を使う必要がある。ChatGPTでもごく小規模（製造ラインが2〜3本など）であれば解けるのだが、あまり実用的ではない。これまでのAI投資と研究があるがゆえに、生成AIの適用可能なタスクは見極める必要があるといえる。

大規模言語モデルには創発的能力（Emergent Ability）と呼ばれる、モデルが大規模化したときに突然解けるようになる問題があることが知られている。そのため長期的には生成AIが解ける問題は増えていく可能性はあるが、当面は製造業で使われているような既存の技術を代替することは難しいように思う。

製造業における生成AIの活用の幅を広げる方法として有望なのは、データサイエンス技術と生成AIを組み合わせることだ。たとえば予測メンテナンスにおいて、機器からセンサーを通じて収集される稼働データ（温度、振動、音、圧力など）を収集・分析し、機械の故障確率を予測するのは機械学習モデルで行うことができる。しかし実際にメンテナンスまで機械で自動的に行うのには限度があり、多くの場合は人間の技術者（あるいは顧客自身）による作業が必要となる。ここで生成AIをカスタマイズし、特定の機器とそのメンテナンス手順についての知識を持つように準備しておけば、機械学習モデルからの出力（故障の可能性が高い部品など）をもとに、生成AIが詳細なメンテナンス手順や予防策を作成することができる。これは機械学習単独では実現できない。逆に生成AIだけでセンサーデータから故障箇所や要因を考えさせるのも難しい。しかし故障箇所や要因がわかっていれば、既存のメンテナンスマニュアル、過去のインシデントレポート、技術者のナレッジデータベースから知見を引き出すことは生成AIに可能だ。数値データが得意な既存のデータサイエンス技術と、言語処理が得意な生成AIを組み合わせることで、バリューチェーンの一部を今までよりさらに良く改善す

図表 5.1–5　デザインを維持しつつ空気抵抗を低減

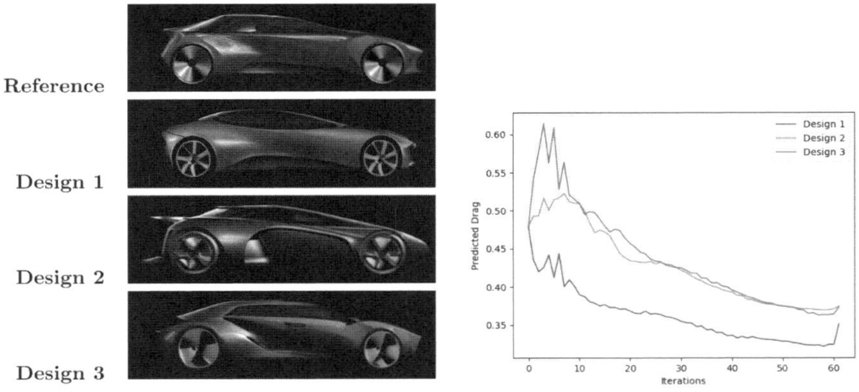

（出所）Aréchiga, N., Permenter, F., Yuan, C., & Song, B. (2023). “Drag-guided diffusion models for vehicle image generation.” arXiv preprint arXiv:2306.09935. Figure 7: Drag-guided redesigns of a reference image.

ることが可能になる。

既存の技術と生成AIのシナジーを具体的に示す、より高度な取り組みとしてトヨタ自動車の事例は示唆に富んでいる。トヨタ自動車において人工知能技術の研究・開発を行うTRI（Toyota Research Institute）では、生成AIを利用してカーデザインのプロセスを効率化し、デザイナーのインスピレーションを形にする方法を開発している。従来、画像生成AIは純粋に視覚的なインスピレーションツールとして機能していたが、エンジニアリングの要素や安全性といった実用的な要件を直接取り入れる能力には欠けていた。しかしTRIの研究により、車のデザインが持つべき空力性能や安全性といったエンジニアリング要件を満たしつつ、デザインの意図を保持することを可能にする技術が開発された。具体的には、デザイナーのスケッチやプロンプトから出発し、画像生成AIが空力性能を最適化する方向でデザインバリエーションを迅速に生成する。これは数学的最適化理論を応用し、デザイナーが設定したプロンプトに基づきながら、同時に物理的な制約を遵守する答えを導くという（図表5.1–5）。TRIの事例は、別々に扱われがちな生成AIとさまざまな専門的な研究を1つのフレームワーク内で連携させる新たなアプローチを提示しているといえる。

元々研究投資の規模が大きい製造業では当然、生成AIの活用に関する議論・研究も盛んに行われているが、ChatGPTで注目された自然言語処理の特性だけでこなせるタスクは、それほど多くない。そのため「情報検索・統合」といった、他のインダストリーでも取り組まれている内容が現状では多いが、今後は既存のシステムやプロセスに合わせたカスタマイズを経て、より本質的な価値創造にまつわる部分に生成AIが関わっていくことになるだろう。

5.2 金融業界

5.2.1 金融業界における生成AI活用の取り組み

金融機関においても、生成AIの中で特にLLMの自社での活用が早い段階から検討されていた。当初は、金融機関のLLM利用に対して、入力したデータがオープンAIなどの生成AIの運営会社に送信されることや、入力データがLLMの再学習の材料となること、データセンターが海外に位置することによる個人情報のデータ越境移転などデータ保護に関する懸念事項があった。そのため、業務活用が躊躇されていた。しかし、マイクロソフトがAzure OpenAI Serviceの一般提供を開始し、2023年7月には日本リージョンでのサービス提供により、データ保護への対応が高まった。その結果、LLMの活用の動きは加速している。執筆時点（2023年10月末）においては、多くの金融機関で従業員がLLMを利用できる環境は準備されている。LLM

図表 5.2-1　金融機関における LLM 活用の 3 つのフェーズ

	フェーズ1	フェーズ2	フェーズ3
	既存のLLMの利用環境整備	自社データと連携し既存業務の改善を図る	自社システムとの接続なども行いビジネスモデル自体を変革
ユースケース例	・アイデアの壁打ち ・キャッチコピーや商品名の素案作成 ・一般的な文案やメール案の作成 ・簡単なプログラミング	・社内の慣習に沿った文章生成 ・社内ルール等の問い合わせ対応 ・議事録生成、整形	・ビジネスモデルの変革
課題例	・入力データの保護 ・利用者の習熟度向上	・自社データの連携、加工、チューニング ・生成したアウトプットの評価	・ビジネスを変革させるシナリオの明確化 ・フィージビリティの評価 ・変革へのロードマップ作成
課題例（共通）	・出力したアウトプットが知的財産を侵害してしまうおそれ ・ハルシネーションの発生		

（出所）野村総合研究所

を自社データと組み合わせ、どのような業務に適用できるか、ユーザー部門内での具体的な検討がされている。

企業における生成AI活用は、大きく3つのフェーズがある（図表5.2–1）。まず、フェーズ1は自社データと連携しない形でのLLMの活用である。自社データとは連携せず、オープンAIなどが提供する既存のLLMを社内から安全に利用する。業務活用の例には、LLMとの対話によるアイデア創出とブラッシュアップ、キャッチコピーや商品名の素案作成、自社業務や業界に特化していない一般文書やメール案の作成、簡単なプログラミングなどが挙げられる。次のフェーズ2は、既存業務の効率化のために自社データや文書と連携し、実業務に沿った文章生成のためのLLM環境の整備である。自社の文章ルールや慣習に沿った稟議書や契約書などの文章作成、社内ルールや業務手順などの問い合わせ応答、議事録生成や整形といった業務活用が考えられる。最後のフェーズ3では、既存業務の改善にとどまらず自社ビジネスを生成AI活用により革新を目指す。

現時点では、多くの金融機関でフェーズ1を完了しており、その上で、フェーズ2を進めるにあたりユースケースの洗い出しや選定を行い、一部では自社データを連携しPoC（Proof of Concept）を開始している。一方で、フェーズ3は、アイデア出しを行う程度の動きが実態となっており、実際に推進を始めるには至っていない。

いずれにせよ、銀行、証券、保険、資産運用会社などの業種を問わず、生成AIの活用を模索しており、この流れは続きそうである。

5.2.2 各フェーズにおける実業務への活用に向けた課題と対応

5.2.1項では、金融機関が3つのフェーズで生成AIの活用を模索していることを述べた。本項ではフェーズごとの代表的なユースケースと実際に生成AIを活用するために、足元で金融機関が直面している課題とその対応した例を示す。フェーズごとに図表5.2-1にまとめている。

フェーズ1では5.2.1項で述べた通り、自社の業務に特化していない一般的な文案の作成、簡単なプログラミングといった社内データを利用しない用途での活用にとどまる。この場合、代表的な課題は次の2つになる。1つめはデータの保護である。LLMなどの生成AIに入力するプロンプト[2]（画像やデータなどを入力とする場合もある）が生成AIを提供している企業のデータセンターに送信されるため、入力内容によっては機微情報が他社に渡ってしまうおそれがある。また、生成AIサービスの利用規約や設定によっては、入力したデータをAIの再学習に利用されてしまう可能性もある。さらに、入力したデータに個人情報が含まれる場合は、データの越境移転の懸念から生成AIが国内のデータセンターでサービスを提供しているかも論点になる。このようなデータ保護の課題に対しては、データの再学習や必要以上の保存を行わないサービスの利用や適切な設定の実施と併せ、データセンターのリージョンも考慮に入れる必要が生じるであろう。また、LLM利用に関する社内ルールを整備し、LLM利用にあたっては機微情報や個人情報の入力を

2　生成AIに対する指示や命令となるユーザーが入力する文のこと。

しないなどのルールを定め、周知徹底することも重要だ。次に、2つめの課題は、意図した回答を得られないことである。そのため、利用者の習熟度を高めることが必要である。具体的には意図した文章をLLMで生成するには適切なプロンプトエンジニアリングが必要となる。業務と用途によって、適切なプロンプトは異なるため、各ユーザーが各々で設計する必要がある。この取り組み事例として、住友生命ではプロンプトの作成・活用スキルに関する社内認定制度を設け、「プロンプトプロフェッショナル」などの呼称でデジタルバッジを付与し、活用に向けモチベーション向上の施策を行っている[3]。

次に、フェーズ2における課題と対応を述べる。フェーズ2では自社データとLLMを連携し、既存の業務改善を目指す。ユースケースとしては、文章作成、（社内ルール等の）問い合わせ応答、議事録生成といったものがある。自社データとLLMを連携する代表的な方法は、RAGとファインチューニング[4]が挙げられる。RAGはLLMに対して外部データベースを結びつけ、自社データなどの事前学習されていないデータを動的にLLMに与える技術である（図表5.2–2）。

一方、ファインチューニングは、事前学習済みモデルに対して求める回答を得られるようにLLMに追加で行う微調整と訓練である。RAG、ファインチューニングのいずれの場合でもLLMと連携する自社データは、事前に適切に加工しておく必要がある。基本的なことであるがLLMに連携するデータは電子データとなっていなければならず、連携するデータが紙などで保管されている場合は電子化する必要がある。次に、RAGを用いてLLMにデータを連携する場合は、その特性上、データをLLMの入力コンテキストの長さに応じて分割する必要がある。この際の分割もリトリーバー（Retriever：検索システム）がLLMに入力する適切なデータを見つけるためには、どう区切るのがよいかといったパラメータ設定も必要だ。さらに、RAGでLLM

3　https://www.sumitomolife.co.jp/about/newsrelease/pdf/2023/230713.pdf
4　一般的に、新たな知識を与える用途ではファインチューニングは適さない場合が多い。

図表5.2-2　問い合わせ対応におけるRAGの動作イメージ

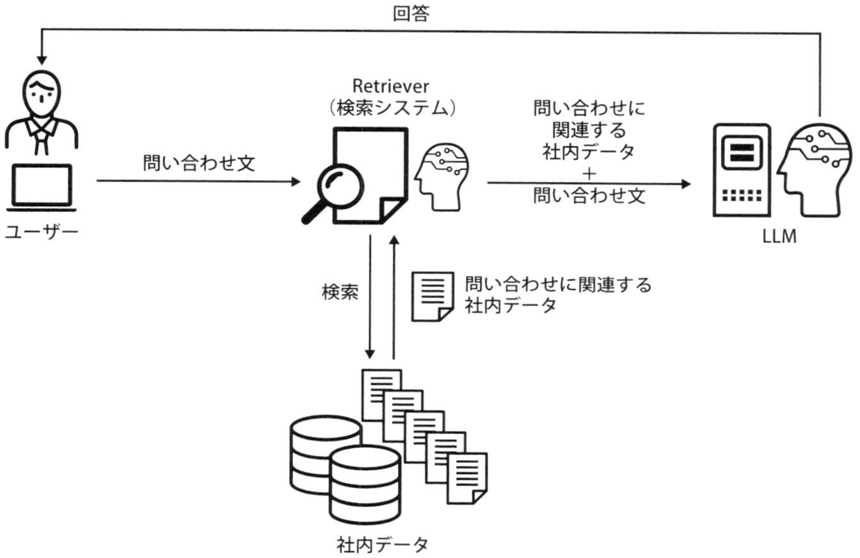

（出所）野村総合研究所

に入力することのできる情報は、通常文字データとなるため、社内データ内に含まれる画像等の文字以外のデータはラベル付けや画像データ内の情報を事前に文字データに変換しておく必要がある。次にアウトプットの評価とチューニング作業も必要だ。LLMのアウトプットがよいか悪いかを評価し、次回以降のアウトプットを調整するプロセスとその継続が必要だ。この際の評価基準の作成もポイントになろう。たとえば、提案書を生成するシステムの場合には、アウトプットの評価は受注したか否かを評価基準にするのがよいかもしれない。FAQの応答品質を評価する場合は、ユーザーがアウトプットへの評価をその都度与えていく方法も有力だ。これらの評価基準は、その後の継続運用においてLLMのアウトプットの品質向上に重要な要素である。

フェーズ3では、LLMをはじめとした生成AIでビジネスモデルを変革するフェーズとなるが、現時点では生成AIを活用したビジネスモデルの変革は、金融機関において構想として存在する程度であり、今後、検討が具体化するものと思われる。その際には、生成AIを活用することで、どのようなビジネスを行うことができるかというシナリオの明確化、そのビジネスモデル変革シナリオのフィージビリティの見極め、ビジネス変革の推進といった課題が存在する。現時点では、まず生成AIで何ができるかを正確に把握し続け、その上でビジネス変革のシナリオの具体化を行っていくことが必要になろう。この時、生成AIの技術の進歩は非常に速いため、継続的に生成AIのケイパビリティの収集や他業種の事例収集を行うことが必要である。

フェーズにかかわらず生成AI活用の課題をいくつか述べる。まず、生成AIの生成物が著作権などの知的財産を侵害してしまうおそれだ。現在は、利用者に対し、生成AIの生成物が権利侵害を行ってしまうリスクに対しガイドラインを策定し、他社や個人の権利侵害を行うような生成を行わないよう利用者（主に従業員）に周知徹底を図っているケースが多い。このようなリスクがある中で、マイクロソフト[5]やグーグル[6]はそれぞれ、正しく利用している範囲内（意図的に他社や個人の権利を侵害するために生成した出力でないなど）では、著作権を含む第三者の知的財産権の申し立てについて法的リスクへの補償などを含む対応制度を発表している。このような制度を整えているサービスを活用することも重要な観点になろう。

また、他にも金融機関において課題として挙げられるのは顧客保護の観点である。LLMでは、生成物が真実に基づかず嘘をついてしまうハルシネーション[7]という事象が発生することがある。顧客保護において懸念されるのは、たとえば顧客応答の一部をLLMが行う中で、事実に基づかない応答を行ってしまい、不運にも顧客がその情報をもとに取引を行ってしまうリスク

---

5 https://news.microsoft.com/ja-jp/2023/09/12/230912-copilot-copyright-commitment-ai-legal-concerns/

6 https://cloud.google.com/blog/products/ai-machine-learning/protecting-customers-with-generative-ai-indemnification/

7 大規模言語モデルが確率に基づく文章を生成するモデルであり、文脈に適合する文章を生成しているにすぎないため発生する。

などである。このようなリスクは顧客保護が極めて重要な金融機関においては大きな問題となりうる。技術的にハルシネーションの抑制は可能であり、その対策は重要である。人手不足の日本において顧客応答の一部をAIが担うことに極めて意義があるのは間違いない。過度に抑制的になりすぎず、規制当局、金融機関、AIベンダーが協調し、顧客保護とAI活用の両立を目指した普及を模索していくべきであろう。

5.2.3 PoC実施のポイント

現在、多くの金融機関では5.2.2で示した通り、各社の具体的なユースケースでPoCを実施している。本項では、PoCを実施する中で実運用に堪え、本導入に至るために必要なポイントをいくつか示す。

まず、生成AIの精度を高め業務に適用するためには、適切なユースケースやLLMといった要素技術の選定だけでなく、チューニングが非常に重要であると認識する必要がある。ユースケースに対して生成AIを適用できるか否かという論点のみで、多くのユースケースを次々に試行するようなPoCの進め方も散見されるが、生成AIの精度を上げるためにはチューニングが果たす役割も大きい。では、チューニングはどのような観点に注目すればよいだろうか。

大きく分けるとデータの連携に係る課題対応、継続的な運用における改善、生成AIが対応するスコープの調整の3つのポイントでのチューニングを根気強く行う必要があるのではないかと考えられる。データの連携に係る課題と継続的な運用における改善については、5.2.2で述べてきた通りRAGでLLMにデータを入力する特性上必要なデータの加工といった論点や、生成したアウトプットに対する継続的な評価と改善である。3つめに挙げた生成AIが対応するスコープの調整については、たとえばFAQを構築した場合、どこまで広範な質問[8]まで答えるかという問題である。回答精度の高い質問のみの回答に絞れば正確性は高まるが、一方で利便性は犠牲になる。より広範な質問に回答を試みればハルシネーションなど正確ではない回答をするリスクが高まり、精度も低下する可能性が高い。このような中で、どの範囲の質問まで回答するかは、与えるデータの量やチューニング時の論点になるだろう。また、LLMが苦手な論理的なタスク[9]も含めすべてLLMに実施させるか、一部を他のプログラム等に実施させてから結果をLLMに入力し最終的な回答を作成するかの選択によっても精度は大きく変わるであろう。これも生成AIが対応するスコープ調整の観点の1つである。なお、生成AIは動作に大きな計算資源を要するため、LLMが得意とするタスク以外はコストの観点からも他のプログラムで実施するメリットが大きい。

このように、生成AIを精度高く活用するためには、地道なチューニング作業が必要になる。また、AIの運用においては自社データとの連携や、100%の精度が見込めない中でどの程度までを許容するかを見極めて活用する性質上、データオーナーであり実業務を行う金融機関が果たす役割も非常に大きくなる[10]。それらを理解し根気強く試行することが大切である。

5.2.4 AI時代の展望と備え

ここまで述べてきたように金融業界においてもLLMを中心とした生成AIの利用が進んでおり、今後も確実に利用範囲は広がっていくであろう。そこで、今後の金融業界における生成AIの活用について、技術的な進化も踏まえて方向性を示したい。

まず、1つめに考えられるのは、AIがあたかも人間かのように人間とコワークして目的を推進するメンバー、相棒のような形になることである。技術面では、今後マルチモーダルの進歩により、生成AIへの入力、出力の双

8　事前にFAQを用意できている質問では回答精度は高くなり、個別ケースの質問やFAQを事前に用意できていない質問は一般的に回答精度が下がる。
9　計算など解法が定まっているタスク。
10　従来のシステム化、DX化に比べAIの利活用は金融機関が自ら主体的に動いている場合も多く、金融機関が果たす役割の大きさを表しているものと思われる。

図表 5.2-3　生成 AI の進歩

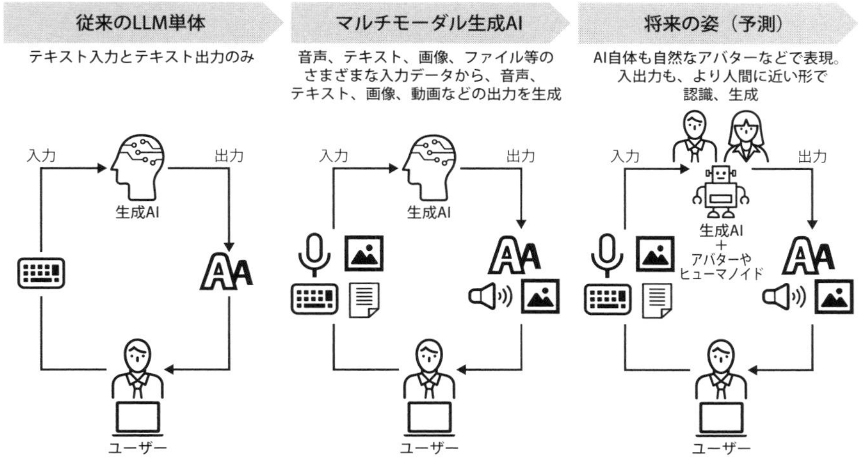

（出所）野村総合研究所

方において文字だけでなく、画像、動画などのさまざまな入出力を行うことができるようになると思われる（図表5.2-3）。

また、AIエージェントの進歩によりLLMが人間からの指示を理解し、他のシステムやデータと連携や協力しながらLLMが事前学習した知識以外も踏まえて、タスクを実行することができるようになるしくみもますます高度化してくることであろう（図表5.2-4）。場合によっては出力の音声や画像も生成AIによってより人間に近く表現をすること[11]やロボットのように身体性を手に入れる方向性も合理的な進化だと考えられる。

このようなAIは、どのようなユースケースが考えられるだろうか。たとえば、個人向けサービスとしては、日々のニュースや利用者の情報を踏まえて

11　デジタルヒューマン、AIクローンなど。

図表 5.2–4　AI エージェント（将来像）の動作イメージ

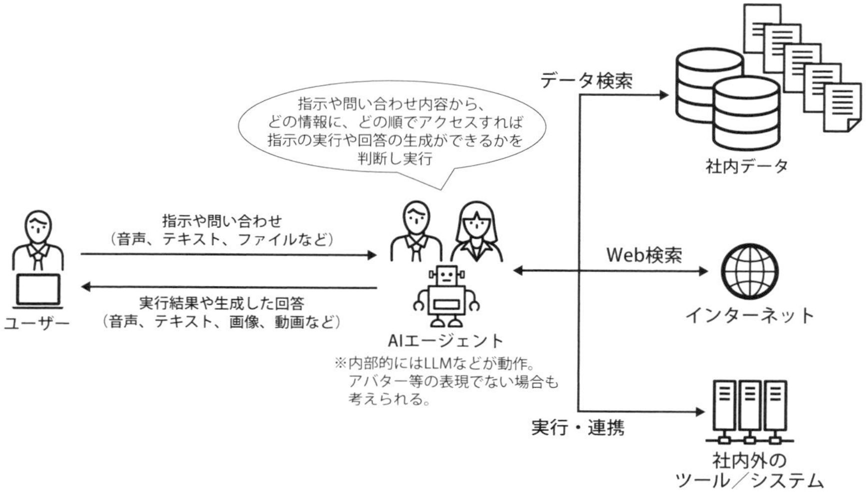

（出所）野村総合研究所

さまざまな金融商品や保険商品に対して簡単なアドバイスを提供することなどが考えられる。通常、金融商品のアドバイスを提供するには高度な知識を要する専門家が行う必要があるため、それほど資産を持たない人が見合うコストを支払えずアドバイスを受けづらいという点が世界的に問題となっている。そこで、AIを活用しアドバイスの一部をAIによって行うことで、資産をそれほど持たない人にもアドバイスを提供することが可能になるのではないか。

企業内での利用では、専門家AIエージェントとしてAIが企業の各部署の社員の業務を支援することもユースケースとして考えられる。たとえば、セールスの支援であれば、営業員が必ずしも顧客のすべてのニーズに即座に対応できるわけではないため、営業中にAIとコワークしながら顧客のニーズに応えていくことなどは十分に考えられる。他にも、コンプライアンスに関するユースケースであれば、新たに業務を追加する場合に起こりうる内部不正のシナリオをコンプライアンスの専門家AIエージェントとともに考え、必要に応じて業務を修正することなどもありえよう。その他にも会社間での標準化されていない、または標準化が難しく現状はメールなどで個別に行っている非定型なデータ連携をAI同士でコミュニケーションをさせるといったことも考えられる。このように、現状のLLMとRAGを活用した生成AIの活用に比べ、多くの外部情報とのアクセスを通じ、あたかも人間かのように人間を助けるようになることは十分に考えられる。

では、このようなAIの普及を見越したときに、どのような備えが必要になるだろうか。先に述べた通り、技術の進歩が速いAIのトレンドを継続的に捉え続けることは必要であろう。加えて、必要になるのはAIエージェントが参照するデータや既存システムとの連携の用意であろう。図表5.2-4で示した通り、AIエージェントをより精度高く活用するためには自社データに加えて、Web、既存システムなどとの連携が必要である。この場合、Webへのアクセスは特に問題とならないが、自社データについては今まさに足元で課題となっているように自社データと連携するための加工が必要になる。また、既存システムと連携するために生成AIからAPI連携を行うためのしくみも準備すべきであろう。

2つめに、社内の業務マニュアルや手順、規定などの文書を自然言語だけでなく、ロジックが正確で、あいまいさを排除できるプログラミング言語でも併記することが考えられる。従来では業務マニュアルや規定は自然言語で記載し、それを人間が読み理解し業務を遂行していた。しかし、この場合、自然言語を介しているためRPAやシステム等で自動化するためには業務マニュアルや規定をコンピュータが理解できるように、人間が適切な設定値やプログラムの表現に変換する必要がある。LLMは自然言語間（たとえば英語と日本語）の翻訳以外にも、自然言語のプログラミング言語への変換も可能であり、徐々に正確性が高まっている。特に金融業界では、自然言語よりもあいまい性を排除できるロジック表現が適している業務や規定が多くあると思われる。業務遂行の元となる業務マニュアルの管理と運用まで含めて、LLMが活用できる可能性は高い。

3つめは、将来的な生成AIの活用には、独自の取得データの充実と品質向上も備えとして重要になってくると考えられる。現在の生成AIの多くは、主にWeb上に公開されている情報から学習・訓練を行っている。しかし、将来的には公開情報からの学習には限界があると見られており、自社の特定のユースケースに対し最適かつ優位性を持つ学習・訓練を行うために自社業務にあった高品質なデータの取得、収集が重要になる。これには、現在取得できていない応対の記録（メールや音声など）なども将来的には学習データとして有用になる可能性も十分に考えられる。もちろん、コストなどを考慮するとすべてを記録しておくことは難しいと思われるが、発生頻度の低い内部不正等の事例やそれに関連するデータの取得・保管は行っておくことが望ましいであろう。なお、これらの発生頻度の低い事例についてはAIへの学習データ量を確保するために、自社だけでなく業界横断で適切な形で共有するしくみなどの整備も将来への備えとして有効であろう。

5.3

流通小売業界

5.3.1 流通小売業のバリューチェーンと生成AI活用

生成AIのビジネス活用は、流通小売業界においても急速に進んでいる。先進的な企業はすでに実業務のバリューチェーンの幅広い領域で生成AIを取り込み、業務効率化や顧客価値の向上を実現している。そこで本節では、図表5.3-1のように、バリューチェーンを大きく5つに分け、それぞれの業務でどのような活用が考えられるか、ユースケースを整理した。

図表 5.3–1　流通小売業のバリューチェーンと生成 AI 活用

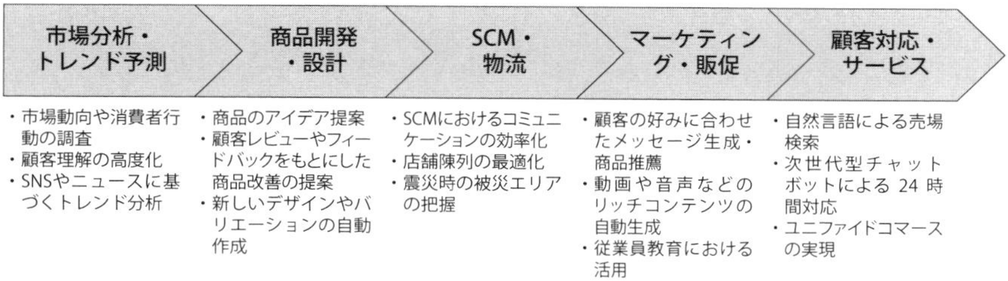

（出所）野村総合研究所

◉市場分析・トレンド予測

・市場動向や消費者行動の調査

流通小売業界では、市場動向を把握するために消費者調査を定期的に行っている企業も多くある。消費者調査には、インターネットで行うものや、店頭で行うものなどさまざまな手法があるが、いずれも調査設計から実査、聴取結果の分析においては人手に依存し、コストを要する。特に、自由回答のような定性調査は、分析手法が定まっておらず、調査担当者の能力や経験に依存する部分が大きいという課題があった。しかし、生成AIを用いることで消費者調査の分析を精度高く行えるようになる可能性がある。たとえば自由回答の分析において、生成AIが得意とする文章の要約技術により、自由回答結果から消費者はどのように考えているのかを要約して取り出すことができる。また定量調査についても、得られた表データなどを生成AIに解釈させることが可能である。時系列の定量調査の結果を生成AIに与え、そこから得られる示唆を自動生成するといった用途も考えられる。

・顧客理解の高度化

生成AI技術を用いることで、データの中に隠された新たな顧客像を導き出すことができる。これまでもID–POSデータ[12]などに基づいて顧客を分類

12　ポイントカードやパネル会員などから収集されたID 番号を付与したPOS データ（販売実績）

する取り組みは行われていたが、前処理においてどのようにデータを整形すべきか、それぞれの分類がどのような属性であるのかなど、人間が判断しなければならない部分が多くあった。生成AIを活用することで、抽出された分類の特徴を理解したり、サイズの大きな分類を複数に分割したり、逆に複数の分類を束ねたりすることができ、顧客分析をよりいっそう、高度化することができると考えられる。

・SNSやニュースに基づくトレンド分析

流通小売業界では、SNSやニュースのようなオープンなデータを活用し、トレンドを分析する取り組みも積極的に行われている。たとえば、SNSデータ分析では、自社に関する投稿を抽出して生成AIに要約させることで、自社に対する消費者の率直な発言を抽出できる。明確な設問文に基づいて収集される消費者調査結果と異なり、SNSの文章は散文的で乱雑であることが多いが、このような乱雑な文章の解釈は生成AIが得意とする部分であり、これをインプットして、生成AIを用いて一般的な文章に置き換えたり、本質的な内容を取り出したりすることで、トレンド分析を効率的に行うことができるようになる。

◉商品開発・設計

昨今の流通小売企業は、単にメーカーから商品を仕入れるだけでなく、自社で企画し製造したプライベートブランド商品を販売する、SPA（製造小売業）化が進んでいる。そのため、流通小売業のバリューチェーンにおいて、「商品開発・設計」の業務は重要な位置づけにあるといえる。

・商品のアイデア提案

生成AIは、膨大なアイデアを瞬時に生成する能力がある。たとえば過去に開発した商品の情報を与え、それらの組み合わせから新しい商品の例を生成AIに考えさせるということが考えられる。人間は一から新商品のアイデアを考えるのではなく、それらの生成AIが考えたアイデア群をヒントにすることで、よりクオリティの高いアイデアを生み出すことができる。生成AIが考えたアイデアを、生成AIに点数評価をさせ、このループを繰り返すことで、膨大なアイデアからその一次切り分けまでを自動的に行うなど、よりいっそう効率化する工夫をすることもできる。

・顧客レビューやフィードバックをもとにした商品改善の提案

プライベートブランドのように自社で商品開発を行っている企業の場合、自社商品に対するカスタマーレビューを蓄積している企業もある。しかし、商品の種類が多かったり、改廃が頻繁に行われていたりすると、カスタマーレビューについて、十分な分析ができていないケースも多いだろう。このような顧客からのフィードバック情報を、生成AIを用いて要約することで、商品の不満点や改善案を特定することができるようになる。従来型のテキストマイニング技術では十分にできなかったことが、生成AI技術を用いることで、より効果的に情報を取り出すことができるようになるのだ。

・新しいデザインやバリエーションの自動作成

開発商品のアイデアが固まり、実際に商品として製造するには、その中身だけでなくパッケージやネーミング、バリエーションなども考える必要がある。自然言語生成や画像生成のAIを用いて、ネーミングやデザインパッケージの案を生成することが考えられる。また、そのバリエーションについても、さまざまな案を生成AIに考えさせることで、人間の先入観や既成概念を超えた新たなバリエーションを生み出せるようになる。

◉SCM・物流

・SCMにおけるコミュニケーションの効率化

流通小売業にとってSCM（サプライチェーンマネジメント）は重要であり、効率的な物流こそが競争力の源泉の1つになっている。しかし近年、物流を取り巻く状況は大きく変わり、取り扱う商品の種類が増加する一方、ドライバー不足の問題から、企業や業種の垣根を超えた共同配送が行われるなど、物流のオペレーションは複雑さを増している。このような中、サプライチェーンの川上（サプライヤー）と川下（販売店舗）の間のコミュニケーションを効率化するものとして生成AIを活用できる。たとえば、サプライヤーより製造工程に問題が発生し、当初予定納品数が出荷できない場合、物流センターでは既存在庫を加味し、川下の販売店舗に対して適切な数に配分しなおして納品することが求められる。ここに生成AIを用いることで、サプライヤーからの連絡を自動的に受け付け、内容を理解して、必要なアクションを提案し、店舗へ伝達できるようになる。サプライチェーン内の関係者との適切なタイミングでのコミュニケーションを支援できるのだ。

・店舗陳列の最適化

実店舗の限られた陳列スペースで、どの商品をどのように配置すれば売上が最大化されるかを考えるのは難しい問題である。従来からある棚割りソフトは、単品単位の棚割りを設定する必要があり、従業員の負荷が大きく、十分に普及しているとは言いがたい状況だった。生成AI技術を用いることで、作業負荷の大きい棚割り設定を簡略化することができると考えられる。作業者が、あいまいな指示（たとえば、ある棚の上2段にはチョコレート菓子を、下3段にはスナック菓子を配置するなど）を生成AIに伝えると、指示された条件を満たすように売上が最大化するような棚割りを提案してくれるようなソリューションである。コンテキストと暗黙知がないと行えないような、あいまいな伝達でも、生成AIを用いることで適切に解釈することが可能となると期待される。

・震災時の被災エリアの把握

2023年8月、NECはLLMと画像解析により自然災害時の被災状況を把握する技術を発表した。被災現場における大量の画像や住民から寄せられる被災状況のテキスト情報などから、LLMを用いて被災状況の把握のために必要な情報を適切に絞りこむことが可能となった。これに、従来からある画像解析技術を結びつけることで、被災地の写真とテキスト情報の紐づけを自動的に行い、地図上に可視化できるようになる。流通小売事業者にとっては、自社の物流網において災害が発生した際に、いち早くその救援や代替する物流手段について検討できるようになるだろう。

◉マーケティング・販促

・顧客の好みに合わせたメッセージ生成・商品推薦

広告コピーの世界は、生成AIが積極的に使用されつつある分野である。インターネット広告においては、従来型のAI技術でも広告コンテンツを自動生成する取り組みが進められ実用化が進んでいた。実店舗を持つ流通小売業においても、生成AIを用いることで、言語・画像のいずれにおいてもより自然なコンテンツ生成が可能となり、そのクオリティが一段と高まると期待される。また生成AIによる自動化ができれば、小売事業者が持つ消費者向けアプリに、個々の顧客に最適化したコンテンツを生成して配信することで、よりその効果を高めることが期待できる。

・動画や音声などのリッチコンテンツの自動生成

文章や画像だけでなく、動画や音声などの生成技術が進化することで、よりリッチなコンテンツを顧客に届けられるようになる。たとえば、今週のおすすめ商品のようなものを、従業員が直接声掛けするのではなく、生成AIによって生み出された自然なセリフと音声によって、リアルタイムで語りかけることができる。朝昼夜の時間帯によって声掛けする内容を変えたり、外で雨が降ってきたときに雨具やタオルのおすすめなどを自動的に声掛けしたりすることが考えられる。また店舗立地や客層に合わせたメッセージや音声を作り出すことで、より魅力的な商品推薦ができるようになる可能性もある。動画についても同様に、デジタルサイネージなどと連動して、自動的に生成されるようになるだろう。

・従業員教育における活用

労働集約的な産業である流通小売業にとって従業員教育の重要度は高く、経験の浅い従業員の能力を早期に高めることができるメリットは大きい。そこで、従業員教育用のコンテンツとして、生成AIを活用することが考えられる。生成AIの自然なインターフェースは、初歩的なトレーニングを受けたい従業員にとって、非常に相性が良く、チェーンストア業態におけるすべての店舗で一定レベル以上の教育を施すことができるようになれば、生産性の向上に大きく寄与するだろう。

◉顧客対応・サービス

・自然言語による売場検索

大規模な実店舗において、顧客が買いたいと思っている商品が店舗にあるかどうかを見つけ出すのは難しい。店員に聞いても、店員自身が知らない商品だったり、経験の浅い新人だったりすると確認に時間が掛かることもある。生成AIを用いることで、顧客からのあいまいな問い合わせに対して、適切な商品を紐づけ、そのお店の在庫データと売り場データを回答できるようになる。従業員用の携帯端末にこの機能を持たせれば、新人の従業員であっても適切な回答が可能となるし、小売店の会員アプリなどを通じて顧客が直接検索可能とするのも有効であろう。

・次世代型チャットボットによる24時間対応

流通小売企業は、顧客向けにさまざまな問い合わせ窓口を用意しており、コールセンターに人間のオペレーターを常時確保しているケースも多い。このコストを削減するために、チャットボットを導入する取り組みは従来から進められている。しかし、オペレーターを介することなく顧客と自然な言葉でやり取りをするのは、限界があった。生成AIを活用することで、チャットボットの会話をより人間らしいレベルに進化させることができる。また、このような顧客問い合わせ窓口でよく受ける質問のデータを用いて、FAQを自動生成できればチャットボットを使わなくとも、質の高いFAQだけで解決する確率が高まり、より顧客にとっての利便性を高めることも可能となる。

・ユニファイドコマースの実現

「ユニファイドコマース（Unified Commerce）」は、「統合された商取引」という意味であり、小売業界における新しいトレンドとして注目されている概念である。ユニファイドコマースは、顧客情報、在庫情報、閲覧・行動履歴、購入履歴などのデータを一元管理し、これらの情報を利用して、顧客に対してよりパーソナライズされたサービスや情報提供を行う。具体的には、店舗に来店した客に対して、過去の購入履歴やおすすめの商品を提供し、それと関連する商品を提案するなどのサービスが可能になる。顧客に複数の販売チャネル（オンライン、オフライン、モバイルなど）を通じて一貫した体験を提供する戦略としては「オムニチャネル戦略」があるが、ユニファイドコマースは、オムニチャネル戦略の発展形といえるもので、データの一元管理と、それに基づく個々の顧客への最適化に力点が置かれている。迅速で摩擦のない体験を顧客に提供することができる生成AI技術は、このユニファイドコマースを実現するための重要な技術になるだろう。

5.3.2 トップ小売企業の取り組み

すでに多くの小売企業が生成AIを活用した取り組みについて発表している。その中でも、本項では、生成AIの活用に積極的に取り組む姿勢を見せている世界のトップ2リテーラーである、ウォルマートとアマゾンの事例を取り上げる。それぞれの取り組みを整理したのが図表5.3-2である。

図表 5.3-2　ウォルマートとアマゾンの生成 AI 活用ユースケース

企業	想定する利用者	ユースケース	発表時期
ウォルマート	売り手（従業員）	従業員アシスタント	2023 年 8 月
	買い手（消費者）	インテリアデザインアシスタント	2023 年 10 月
		音声ショッピング	2023 年 10 月
		コンテキストに基づく商品検索	2023 年 10 月
アマゾン	売り手（出品者）	商品説明文の生成支援	2023 年 8 月
		商品画像の自動生成	2023 年 9 月
	買い手（消費者）	カスタマーレビューの要約	2023 年 10 月
		次世代型商品検索	報道のみ（未発表）

（出所）野村総合研究所

◉ウォルマートの生成AI

世界一の売上高を持つ小売企業であるウォルマートは、生成AIの活用にも積極的に取り組んでおり、これまで「従業員アシスタント」「インテリアデザインアシスタント」「音声ショッピング」「コンテキストに基づく商品検索」の4つのユースケースを発表している。

・従業員アシスタント

ウォルマートは、生成AIを活用した従業員向けアシスタントツールを、既存の従業員向けアプリ「Me@Campus」に導入すると発表している。このツールはChatGPTのような自然言語を対象とした生成AIと似ており、下書きの作成や、会議の準備、ディスカッションのパートナー、ドキュメントの要約などができると説明している。また、オリエンテーション機能を備え、新入社員向けの教育や、社内制度の理解促進のためにも活用すると述べている。人間の力を借りることなく、従業員が自分自身で問題解決するのを手伝うものとして生成AIを位置づけている。同社は、「生成AIは、従業員が単調で反復的なタスクに費やす時間を減らすためのツールとして機能する」と述べている。同時にその限界についても触れ、「生成AIは、より速く、より効率的に作業するのに役立つが、一方で、判断力に欠け、コンテキストの理解が限られており、訓練データと同レベルにしか到達しない。既成概念にとらわれない真に斬新な発想は、人間の得意とするところだ」と述べ、あくまで生成AIと人間はそれぞれの得意分野を担うものとして存在すると説明している。

・インテリアデザインアシスタント

2023年10月には、生成AI技術を顧客体験の向上に役立てるものとして3つの機能を発表している。そのうちの1つがインテリアデザインアシスタントである。顧客が、インテリアを配置したい部屋の写真をアップロードすると、生成AIが部屋にあるアイテムを特定し、模様替えの提案を行って、仮想空間にアイテムを配置してくれる。顧客が予算や好みのテーマ・スタイルなどを入力すると、その指示した内容にあわせて提案内容が自動的に変化し、個々にあった最適な提案を受けることができる。

・音声ショッピング

生成AI技術を顧客体験の向上に役立てる2つめの機能が、音声ショッピングである。顧客は、音声のみを使用して商品を検索し、質問に答えたり、パーソナライズされた製品の提案を受けたりできる。まるで店員を模した、仮想ショッピングアシスタントとやり取りしながら買い物ができる。この機能は、2022年に開始されたウォルマートの「Text to Shop」と呼ばれるテキストチャットのみで買い物を完結させる機能を拡張するものである。顧客はテキストすら打ちこむことなく、完全にハンズフリーで買い物を完結させることができる（図表5.3-3）。

・コンテキストに基づく商品検索

生成AI技術を顧客体験の向上に役立てる3つめの機能が、コンテキストに基づく商品検索である。この検索機能は、顧客の購買ニーズに基づいた推薦

図表 5.3-3　ウォルマート「音声ショッピング」のイメージ

（出所）https://texttoshop.walmart.com/

を行うように設計されている。たとえば、「ユニコーンをテーマにした幼児の誕生日パーティー」という文言で検索をすると、この1つの質問文に対して、さまざまな種類のコレクションが生成される。具体的には、AIにより風船、装飾グッズ、紙ナプキン、食事プレートなど、さまざまな商品が自動的に提示され、顧客の時間を節約することができる。

◉アマゾンの生成AI

EC首位であるアマゾンも、ウォルマートと同様に生成AIの活用に積極的な企業である。アマゾンのアンディ・ジャシーCEOは、同社のすべてのチームが生成AIの活用に取り組んでいると述べ、2023年第2四半期決算説明会では、「生成AIはわれわれの活動の中心になる。当社にとって重要な投資であり、注力すべき技術である」と語っている。

・商品説明文の生成支援

アマゾンは、売り手（出品者）が魅力的で効果的な商品説明文を簡単に書くことができるような生成AIのしくみを提供している。従来、魅力的な商品タイトル、箇条書き、説明文の作成は、出品者にとって大きな労力を必要としていた。アマゾンは、このプロセスを簡素化し、売り手は、商品の簡単な説明を数語または数センテンス入力するだけで、アマゾンが高品質なコンテンツを生成してくれる。出品者は、必要であれば、これらのコンテンツをさらに洗練させることもできるし、自動生成されたコンテンツをそのまま承認することもできる。この新機能は、出品者がより少ない労力で高品質な品ぞろえをすることを可能とし、また消費者側にとっても、商品説明文が充実することで、より買い物体験が向上すると期待される。

・商品画像の自動生成

商品説明文だけでなく、商品画像を自動生成するしくみも提供している。しかしこれは、商品そのものの画像を生成するのではなく、出品者が持つ背景のない自社製品の単体の画像に対して、その背景画像を自動生成して組み合わせるものである。特に、規模の小さい売り手で、社内に専門家がおらず、広告代理店のサポートを十分に受けられないケースにおいても、誰でも魅力的な画像を簡単に生成できるものである。たとえば、あるオーソドックスなトースターを販売したいとき、これを商品だけが写った写真と、商品がキッチンカウンターやクロワッサンの隣など、ライフスタイルの一部として配置された写真とを比較すると、後者のクリック率が40％高くなるとされている（図表5.3-4）。

・カスタマーレビューの要約

アマゾンは1995年にカスタマーレビューを導入して以来、これを重要な機能と位置づけてきた。顧客は、互いのレビューを読んで学び合い、フィードバックを共有している。アマゾンによると2022年の1年間だけで、世界で1

図表 5.3-4　アマゾン「商品画像の作成支援」のイメージ

（出所）https://www.aboutamazon.com/news/innovation-at-amazon/amazon-ads-ai-powered-image-generator

億2500万人の顧客が約15億件のレビューと評価を投稿している。一方、これだけ大量のレビューが集まるようになると、その商品の評価を一目で理解できず、素早く判断することが難しくなる。生成AI技術を用いることで、商品評価を、その属性ごとに自動的に分類し、重要なもののみを抽出することができる。顧客は特定の属性に言及しているレビューをより簡単に把握可能となる。たとえば、製品が使いやすいかどうかを理解したい顧客は、「使いやすさ」に言及したレビューのみを表示するように生成AIに指示するだけで、該当のレビューのみを抽出し、要約して示すことができる。

・次世代型商品検索

オンライン経済メディアBusiness Insiderの報道によれば、アマゾンは「Project Nile」と呼ばれる次世代型商品検索のテストを進めており、この基礎技術として生成AIを用いている。本書執筆時点では詳細が明らかになっていないが、早ければ2024年には一般公開する可能性があると報道されている。これまで使用されていた同社の検索エンジンが生成AIを用いたものに一新される可能性もある。

5.3.3 流通小売業における生成AI活用の課題と展望

生成AI技術が多様な局面で徐々に導入されていることで、流通小売業界の多くのプロセスが以前よりも効率的かつ効果的に変革されつつある。しかし、生成AI技術は現時点では課題もあり、その挙動は限りなくブラックボックスに近いことから、本番用途で用いるには慎重さも求められる。複雑な実装をいきなり試すよりも、まずはパイロットモデルを素早く安価に構築し、その有用性を見極めながら徐々に機能を拡張していくアプローチが有効であろう。生成AI技術は新しい技術であり、有識者も希少である。生み出す価値と実装コストのバランスを意識しながら、小規模な成功体験を積み重ねることで、まずは自社内に生成AI技術やその応用の知見を蓄積したい。

すでに需要予測や在庫管理などの分野では、機械学習や最適化アルゴリズムに基づく従来型のAI技術が導入されている流通小売業も多い。数的処理で解決可能なものはこれらの伝統的なAI技術を用い、画像や自然言語など、人間との自然なインターフェースの部分には生成AIを用いるなど、それぞれの得意領域を見極めて、適切に使い分け、組み合わせることも求められるようになるだろう。

また、中長期的には、AI同士が直接連携することで、より効率的で自律的なシステムが構築され、人間の介入が一段と減少する可能性もある。このような連携は、本節で紹介したユニファイドコマースの実現に向けても重要な役割を果たす可能性がある。消費者は常に移り気なものであり、流通小売業者はその変化を機敏に察知し、品揃えを変化させ続けなければならない。AI同士の連携によるリアルタイムのデータ共有や自律的な判断により、ビジネスプロセスを迅速化できれば、変化対応力の極めて高い、これまでになかったような新しい流通小売業態が生まれてくるかもしれない。

5.4 広告業界

5.4.1 広告業界の地殻変動と生成AIの登場

2019年、わが国のインターネット広告費は、長年首位だったテレビ広告費をはじめて超えた。それどころか、2021年には総広告費約6.8兆円の約4割（39.8%）を占め、マスメディア4媒体（テレビ、ラジオ、新聞、雑誌）の合計（36.6%）も超えたのだ。

インターネット広告は、ターゲットを絞って広告を表示することができる。広告の先にあるLP（ランディングページ）に誘引できた時のみにしか費用が発生しないという費用対効果の高さや、予算に応じて広告の出し先や量を細かく選べる利便性の高さなどから、企業の大小、法人・個人を問わず有力な広告の手段になっている。加えて、ユーザーが検索したキーワードに合わせたり（検索連動型広告）、ユーザーの興味・関心や表示されるWebサイトの内容に合わせたり（コンテンツ連動型広告）できるインターネットAdTech（広告技術）の発達も、広告市場の拡大に寄与している。

AdTechの中核は、第三者から提供されたクッキー（サードパーティークッキー）というインターネット閲覧ソフト（ブラウザー）の個体識別情報と、インターネットサイトで登録された個人の属性情報（年齢、性別、住所など）や、インターネットの検索・閲覧履歴などを紐付け、広告を出すターゲットを絞り、複数のインターネットサイトを追いかけ続けるリターゲティングであった。この技術により、インターネット広告関連事業者は容易に広告主の要望にマッチしたユーザーを容易に割り出し、ピンポイントに当てる「ターゲティング広告」が可能となり、広告主にその費用対効果の高さを訴求できていた。

しかし、インターネット広告で隆盛を極めていたターゲティング広告に大きな影を落としたのが、サードパーティークッキーの勝手な流通が、個人情報の不正な第三者提供にあたると断じた「EU一般データ保護規則（GDPR：General Data Protection Regulation）」である。GDPRでは、クッキーなどの仮名化された情報であっても、個人情報であることに変わりがないとしている。それらを利活用したいのであれば、ユーザーから能動的な同意を取ることが必要であると明言している。つまり、現在横行している「サイトを閲覧し続けることで、取得されたクッキーが第三者に提供されることを了承したことになる」というやり方は違法になるのだ。アメリカのカリフォルニア州でも、CCPA（California Consumer Privacy Act）というGDPRと類似した法律がすでに施行されており、アメリカ全体で適用される連邦法にその内容が組み込まれる可能性が高い。日本でも2023年6月に電気通信事業法が改正され、たとえ同じ企業が保有するWebサーバー同士であっても、ユーザーの同意なしにクッキーをやり取りすることが禁止されている。

この世界的な規制の動きに素早く反応したのがプラットフォーマー、その中でもサードパーティークッキー関連情報の大口提供者であり、「Safari」、「Chrome」というブラウザーで世界シェアの約9割を占めるアップルとグーグルだ。アップルはすでにSafariでのサードパーティークッキーによるサポートを2020年3月に廃止しており、グーグルも2024年第1四半期から段階的に廃止する予定である。

まさに「クッキーレス」時代の到来である。

クッキーレス時代では、ターゲットとなるユーザーを特定してピンポイントに広告を出すことができなくなるため、ユーザーとの接点や広告そのもののバリエーションを増やして補うしかない。もしくは広告制作（クリエイティブ）の表現力を高めて、よりユーザーに訴求するものにしなくてはならない。インターネット広告を大別すると、前者に対応するのが、直接的に商品・サービスの購入などを促す「ダイレクトレスポンス広告」であり、後者に対応するのが、商品・サービスなどによいイメージを持ってもらうための

図表 5.4–1　クッキーレス時代における広告制作の課題と打開策

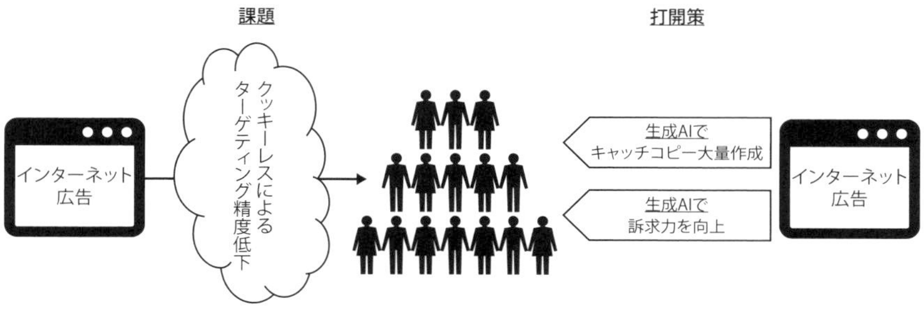

（出所）野村総合研究所

「ブランディング広告」である。つまり、これらの広告を質・量共に高めることが、今まさに広告業界全体に求められていることなのだ。

そんな中、広告業界に救世主のごとく登場したのが、生成AIである。いくつかの報道で、ChatGPTなどの生成AIの技術によって、すでに広告制作プロセスの大半が自動化されていることが報じられている。このことにより、バナー広告やリスティング広告に代表されるインターネット広告において、商品・サービスの魅力や特長を端的でわかりやすい文章で表現するキャッチコピーを、大量に自動生成することが可能になっている。加えて、広告映像の編集作業の一部を担うようにもなってきている（図表5.4–1）。

5.4.2　ダイレクトレスポンス広告に強みを持つインターネット専業広告会社

インターネット広告は、直接的に商品・サービスの購入などを促す「ダイレクトレスポンス広告」と、商品・サービスなどによいイメージを持ってもらうための「ブランディング広告」に大別できることは前述した通りであるが、どちらに強みを持つかは、広告会社の形態によって大きく異なる。

ダイレクトレスポンス広告に強みを持つのは、サイバーエージェント、オ

図表 5.4–2　生成 AI が広告制作プロセスにもたらした変化

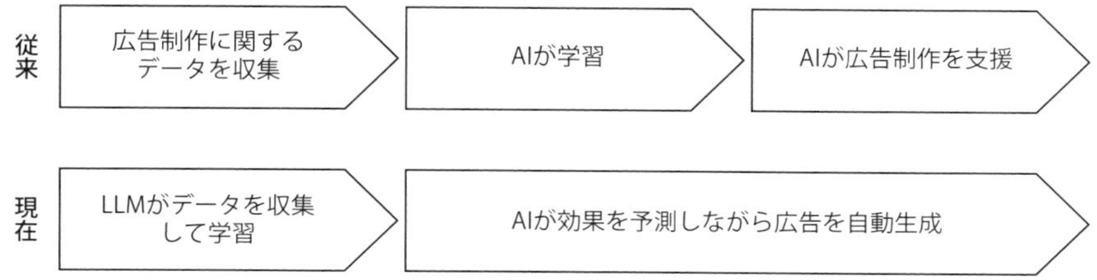

（出所）野村総合研究所

プト（デジタルホールディングス）、セプテーニに代表される「インターネット専業広告会社」である。その中で首位を独走するサイバーエージェントは、AIの活用にいち早く取り組んできた。同社はインターネット広告の効果を予測・最大化する「極《きわみ》予測AI」というサービスを立ち上げ、ユーザーの特性に合わせて配信する広告コンテンツの切り替えが可能な「ターゲティング広告」に広く活用してきた。つまり、AIを活用してユーザーの年齢や性別といった属性情報、興味・関心、広告に使われる画像などを考慮したキャッチコピーの自動生成と効果予測をすでに両立していたということだ。同社の発表によれば、この極予測AIで効果予測を行って配信したインターネット広告は、通常よりも広告の効果が1.5倍も向上する事例が出ているとのことである。

同社はそのような効果を得るために、大規模言語モデルを独自に開発している。今までは作りたい広告に関連するデータをその都度収集し、AIに学習させていたが、現在は大規模言語モデルであらゆるデータを学習させておき、わずかな学習でも高品質な結果が出力できるようになっているという。その極予測AIに満を持して実装されたのが「大規模言語モデルを活用した広告（キャッチ）コピー自動生成」機能である（図表5.4–2）。これは、自社開発した大規模言語モデルとChatGPTのAPIを、既存の広告自動生成システムと組み合わせることにより、ターゲットに合わせたキャッチコピーを生成することを可能にしたものだ。つまり、広告を「効果を予測しながら」制作し、その場で質を高めていけるようになったということである。

しかし、インターネット広告で自動生成されたキャッチコピーが、なぜそれほどまでに大量に求められるのであろうか。

それは、広告主である企業などが、Yahoo! などのポータルサイトや新聞・雑誌などインターネットメディアの広告枠を指定して出す「純広告」よりも、複数のメディアにインターネット広告を一括で出してくれる「アドネットワーク」や、複数のアドネットワークに広告を配信してくれる「DSP (Demand Side Platform)」といった「運用型広告」サービスを重用するようになっているからだ。近年は、複数のメディアやアドネットワークを横断して広告枠を買い付け（入札）することができる「アドエクスチェンジ」というサービスが登場している。今までは、どのアドネットワークかという「ネットワーク単位」か、どのWebサイトかという「メディア単位」での広告配信しかできなかったのに対して、アドエクスチェンジは、より細かい「広告枠単位」での入札を可能にしたのだ。加えて、複数のメディアやアドネットワークに広告を出す際の手間を簡略化したことで、インターネット広告の中核になっている。アドエクスチェンジでの広告枠の入札（オークション）は、CPM（Cost per Mille：広告表示回数1000回に対してのコスト）を単位にリアルタイムで行われる。つまり、個々のユーザーに広告が表示されるその瞬間にオークションが実施され、最も高い金額で入札していた広告が表示されるということだ。このしくみはRTB（Real Time Bidding：リアルタイムの入札）と呼ばれている（図表5.4-3)。

このような現状は、効果の薄かった広告は瞬時に淘汰され、次々と他の広告に差し替えられていくことを意味している。また、インターネット広告はユーザーの属性や興味・関心によって「パーソナライズ」されているため、ユーザーに飽きられるまでのサイクルが、極めて短期化しているのだ。

5.4.3 ブランディング広告に強みを持つ総合広告会社

ブランディング広告に強みを持つのは、電通、博報堂、ADKに代表され

図表5.4-3　RTBのしくみ

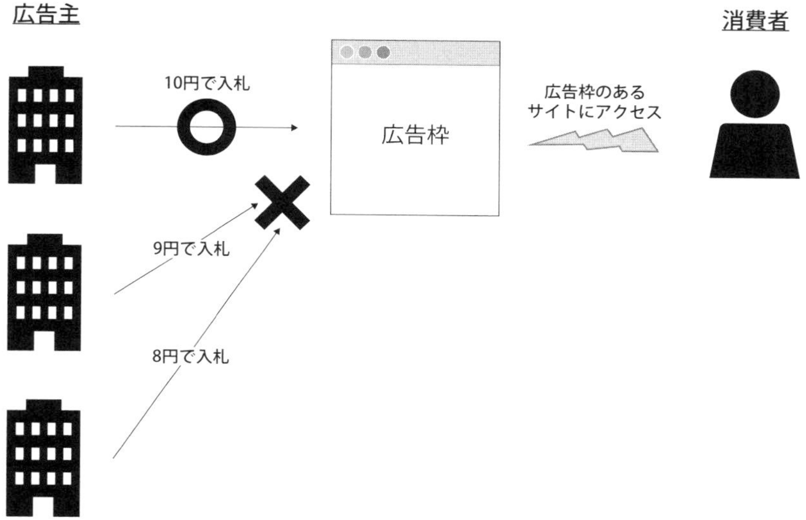

（出所）野村総合研究所

る「総合広告会社」である。近年はインターネット広告の比重が日増しに高まってはいるが、かつての広告の王者であり、現在でも存在感を維持する「テレビCM」を中軸に発展してきた総合広告会社の影響力は、今でも大なるものがある。とりわけすべての広告会社の中で圧倒的なシェアを持つ「電通グループ」は、今でも広告業界の盟主ともいうべき存在である。インターネット広告においても、インターネット専業広告会社で業界第3位のセプテーニと、インターネット広告枠の仕入れ・販売を行う「メディアレップ」で業界第2位のCARTA COMMUNICATIONS（CCI）を傘下に収めるなど、総合広告会社と呼ぶに相応しい。

電通に代表される総合広告会社の強みは、有名芸能人やスポーツ選手などの著名人や人気アニメーションのキャラクターなどを、広告に登場させることができる「キャスティング能力」と、それらを活用した「映像コンテンツ制作能力」だ。テレビの黎明期から築かれた芸能事務所やテレビ局などとのコネクションや、映画やテレビ番組に匹敵する予算を投じた大規模な映像コンテンツ制作実績は、他の追随を許さないものがある。こういった能力を背景に、クライアントである企業などの商品・サービスによい印象を持ってもらうためのブランディング広告を、世に送り出すことができているのだ。

このような総合広告会社の強みは、いわゆる「クリエイティブ部門」に、キャッチコピーを制作する「コピーライター」、映像などのデザインを担当する「アートディレクター」、広告制作を統括する「クリエイティブディレクター」といった優秀なスペシャリストを数多く抱えることによって成り立っている。これらのような人材は、かつて花形であったテレビCMの制作を得意とするスペシャリストたちが主であった。

そして現在は、テレビ視聴者は高齢化が進み、若者のテレビ離れが顕著になっている。YouTubeやTikTokなどの動画投稿サイトや各種SNS、Netflixなどの会員制動画配信サイトといったインターネットメディアに「視線」を奪われているからだ。総合広告会社は今までテレビCMを担当していた人材をインターネットメディアにシフトさせてきている。広告映像で一般消費者と接点を持てる機会が、爆発的に増えているからだ。しかし、インターネットメディアであったとしても、商品・サービスなどのイメージアップが目的のブランディング広告であるからには、テレビCMよりクオリティを落としてよいというわけではない。むしろ広告映像の再生／露出率や平均再生時間などが「成績」として明確にわかってしまうため、視聴率という大まかな指標しかなかったテレビCMよりも、ずっと厳しい目に晒されているのである。

前述した通り、総合広告会社が制作するブランディング広告は、インターネットメディアの特性に応じて映像コンテンツを数多く作り分けることと同時に、テレビCMに匹敵するクオリティをキープしなくてはならないという苦境に立たされている。

現在、その苦境を支えているのが、他ならぬ生成AIだ。

ある総合広告会社では、映像コンテンツの基本的なコンセプトを考えたり、ストーリーを考えたりする際の「壁打ち相手」として、「対話型」の生

図表 5.4-4　広告制作スタッフと生成 AI との関係

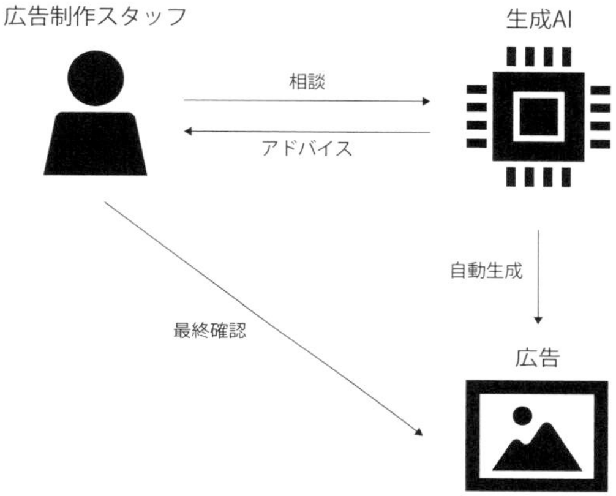

（出所）野村総合研究所

成AIを活用している。つまり、大勢の人間で自由にアイデアを出し合うことによって、個々人の発想の幅を広げる「ブレーンストーミング」を、AIを相手にやっているということになる。AIと対話を繰り返していくことで、AIが出すべきアイデアの方向性を理解して、質問や回答をより先鋭に出してくるようになる。そのことを利用して、「人」がアイデアや企画などをブラッシュアップしていくというわけだ。加えて、広告映像の台本となる「絵コンテ」を自動生成させることもある。

もう1つは、出来上がった映像のダイジェスト（要約）版を生成AIに「編集」させたり、不足している人物やアニメーションキャラクターとそれらを含んだ映像そのものを生成したりしていることだ。もちろんAIが生成したものをそのままクライアントに納品するのではなく、社内限定でサンプルとして活用して会議などで使うことや、最終納品物のイメージアップをするためなどに使われている。一方、不足している人物やアニメーションキャラクターの生成は、エキストラなどのメインのものでなければ、そのまま使えるレベルに達しているものもあるとのことだ（図表5.4-4）。

図表 5.4–5　広告会社の各部門（フロー）

（出所）野村総合研究所

5.4.4　広告業界における生成 AI 導入の現状

生成AIは現在、広告業務にどの程度入り込んでいるのであろうか。広告会社の代表的な業務の流れとその担当部門という切り口で整理しておきたい。

まず、広告主である企業などのクライアントに窓口として相対するのは、「営業部門」である。そしてクライアントの要望をヒアリングした上で、要望を実現するための調査を実施して広告戦略を立案する「マーケティング部門」、キャッチコピーや映像などを制作する「クリエイティブ部門」、広告以外で商品・サービスの販売促進策を立案する「プロモーション部門」、実際に広告を出す媒体を計画して広告枠を買い付ける「メディア部門」へと業務が流れる（図表5.4–5）。

営業部門は、他部門からメンバーを集めてプロジェクトを編成して指揮する。案件によっては、クライアントが複数の広告会社に企画案を出させて一番よいものを採用する「コンペ形式」で行われることが多く、営業部門はコンペの参加から企画案制作の指揮、コンペなどで勝ち取って案件化したプロジェクトの統括と進行管理を行う。その中で生成AIは、各種ミーティングの議事メモを要約して議事録にしたり、プロジェクトの中で交わされる大量の電子メールの文面を生成したり、企画案をプレゼンテーションするためのスライドに入れる文章や図表の案を何パターンか生成したり、といった使われ方をしている。

マーケティング部門は、クライアントの要望をもとに、広告の対象となる商品・サービスなどが参入する市場と、ターゲットとする消費者を調査・分析して、プロジェクト全体の方向性を決める戦略を立案する。生成AIはインターネットから必要な情報を収集してわかりやすくまとめるなど、調査・分析業務の一部を担っている。

クリエイティブ部門は、最終的な納品物である広告のキャッチコピーや映像などを制作する。生成AIでキャッチコピーの案を数多く自動生成したり、映像コンテンツの基本的なコンセプトを考える壁打ち相手をしたり、出来上がった映像のダイジェスト要約版を編集し直したり、広告に不足している人物やアニメーションキャラクターを生成したりしているのは前述した通りである。

プロモーション部門は、キャンペーンやイベントといった広告以外の方法で、広告の対象となった商品・サービスなどを世に広める施策を立案・実行する。具体的には、商品・サービスなどを消費者に知ってもらい、よい印象を持ってもらうために無償で配布するノベルティ（グッズ）の開発やイベントの企画である。この分野で生成AIのこれといった活用事例は見当たらないが、イベントは実店舗などの「リアル」と、デジタルサイネージなどの「バーチャル」とを組み合わせたものが増えているので、生成AIを活用する余地は多少ありそうだ。

メディア部門は、テレビ、新聞、有名インターネットサイトといったメ

図表 5.4-6　広告会社の各部門における生成 AI の活用状況

営業部門	マーケティング部門	クリエイティブ部門	プロモーション部門	メディア部門
◎	○	◎	△	×
・ヒアリング内容（逐語録）の要約 ・メール文面の自動生成 ・提案資料（スライド）とその素材（説明文や画像）の自動生成	・情報の自動収集とそれをもとにした分析レポートの自動生成	・キャッチコピー（文）の自動生成 ・絵コンテの自動生成 ・広告物に必要な素材（人物・キャラクターなど）の追加 ・編集（例：ダイジェスト版の制作など）	・デジタルサイネージ用画像・映像の自動生成	・特になし

（出所）野村総合研究所

ディアから広告枠を買い付け、クライアントにメディアの最適な活用方法を提案する。特に広告枠の買い付けには、メディア各社と良好な関係を築くためのコミュニケーションが重要であり、営業部門と同じく「人間臭い」業務だともいえる。また、クライアントの要望に応じて最適なメディアの選定と予算配分をプランニングする業務も重要であるが、長年蓄積されたデータをもとに、AIなどで精緻にプランニングができるようになっているため、生成AIに限っては、活用の余地がなさそうに見える（図表5.4-6）。

5.4.5　生成 AI が実現する広告業務の将来像

生成AIは将来、広告業務をどのように変貌させていくのであろうか。

まず考えられるのは、リアルな「人」が担当している営業関連業務が、バーチャルなAIに取って代わられるということである。現在、営業部門のスタッフが多くの労力を割いているのが、広告の提案をクライアントに打診をしたり、クライアントとの打ち合わせのアポイントメントの日程調整をしたりすることなどである。クライアントへの提案の打診から会議の日程調整までをすべてAIが完遂してくれるという未来は、すぐそこまで来ている。

それ以上に、コロナ禍でZoomなどのWeb会議が当たり前になり、PCや

図表 5.4-7　電通グループの生成 AI 活用サイクル

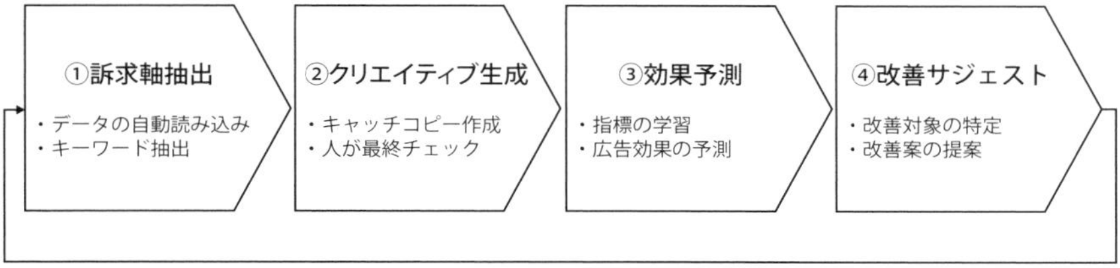

（出所）電通デジタル

タブレット端末の画面に向かって会議することへの抵抗感が解消されたため、会議の相手が「人」である必要もなくなってきている。つまり、静止画やアバターに向かって会議することが増えているため、バーチャルなAIと対話することにも抵抗がなくなってきているということである。生成AIで提案内容を説明するための文章を作成して、ボーカロイドソフトで読み上げることは今でも簡単にできている。今後は生成AIに簡単なプロンプト（命令）を与えるだけで、クライアントとその提案内容に即したバーチャルな人物やキャラクターなどが生成され、場に応じてベースとなる声色やトーンなどを自動で選択したり、説明に適切な抑揚を付けたりするようになるだろう。キャッチコピーや映像といった「人の感性に訴えかける」商材である広告は、元々バーチャルな営業活動と相性がよいのである。

業界最大手の電通グループでは、ダイレクトレスポンス広告が中心のインターネット広告において、「∞AI（ムゲンエーアイ）」という独自のAIシステムを開発し、「①訴求軸抽出」、「②クリエイティブ生成」、「③効果予測」、「④改善サジェスト（提案）」という広告制作の各工程に個別のAIを搭載している（図表5.4-7）。

訴求軸抽出では、インターネット上のデータなどをAIが読み込み、人の心の琴線に触れるようなキーワードを複数抽出することで、これまで気づけなかった訴求ポイントを発見する。

クリエイティブ生成では、AIの一部に文章生成言語モデル「GPT-4（試験運用中)」でより自然なキャッチコピーを自動生成して、バナー広告などを制作している。最終チェックや仕上げは、クリエイティブ部門のスペシャリストが行う。

効果予測では、広告配信の実績データをもとに、広告を構成するキャッチコピーや画像などの要素、インプレッション数、クリック率、コスト効率といった各種指標との関係性を学習させたAIによって、広告効果を予測する。

改善サジェストでは、改善対象となる広告を自動で特定し、複数の改善案を提案する。このことでPDCAサイクルをスピーディーに回すことが可能となるのだ。

このような広告制作の工程は、ダイレクトレスポンス広告だけでなく、映像を中心としたブランディング広告にも適用が進んでいくであろう。そうなると将来の広告業務は、営業部門によるプロジェクトの統括と、クリエイティブ部門による広告の最終チェックと仕上げのみを人が担当し、その他の業務は生成AIおよびAIに奪われることになるだろう。クライアントへの提案まで漕ぎ着けることに加えて、今までマーケティング部門が担当していた調査・分析をもとにした広告戦略の策定は、実際に広告を制作するまでに、あらゆるデータを読み込んで学習した生成AIによって、すでに完遂されていることになるからだ。加えて、消費者アンケートやグループインタビューなどからインサイト(洞察)を得ていたマーケティング部門は、生成AIでターゲットとなる消費者のバーチャルな「人格」を生成して、反応を確認することができるようになるのだ。つまり、リアルに存在するものをバーチャルに再現してシミュレーションを可能にする「デジタルツイン」だ。また、広告を制作しながら効果がシミュレーションできるようになるため、メディア部門による広告枠のプランニングも不要になるだろう(図表5.4-8)。

5.4.6 今後の広告業務における生成AI活用の方向性

すでに広告業務の中に浸透している生成AIだが、今後加速するであろう2

図表 5.4-8　広告会社の各部門の未来予想

（出所）野村総合研究所

つの方向性について述べたい。

1つは、生成AIが今までのようにアイデア出しや企画の「壁打ち相手」や広告制作の「支援ツール」の枠から脱却して、すべての広告プロジェクトにおいて、より「ワンストップ化」するということである。つまり、あたかも広告プロジェクトを統括するメンバーの1人であるかのような役割を、生成AIが担うようになるということである。

たとえば音楽業界では、作品制作の初期段階では、楽器を一切使わずにPCで作曲・編曲などを行い（＝DTM：デスクトップミュージック）、歌もボーカロイドに歌わせている。そして全体のイメージをメンバー間で共有した後、ボーカルなど作品のキーとなるパートのみを「人」による歌唱や演奏に置き換えるという手法が増えている。この手法を使っている代表的なアーティストが米津玄師とYOASOBIだ。このようにして制作した作品の最終候補（OKテイク）のいくつかを、同時に聴き比べ、パート別に後から録音を可能にするMTR（マルチトラックレコーダー）の存在が、この手法の普及に一役買っているのだ。

これを生成AIの活用が進んだ広告業務に置き換えて未来を予測すると、クライアントは広告会社が用意した生成AIに要望を伝えるだけで、広告で訴求すべきキーワードの候補がいくつか提示され、選んだキーワードをもとに広告案が作成されるとともに、広告を配信するメディアや広告枠を見比べ

図表 5.4–9　広告のクライアントと生成 AI の関係（未来予想）

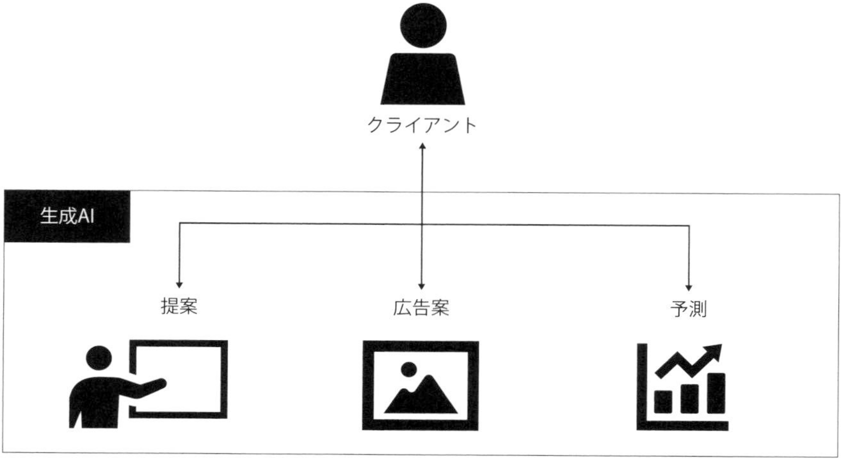

（出所）野村総合研究所

ながら予算や効果をシミュレーションすることができる。柔軟なアレンジができるようになるということだ（図表5.4–9）。

もう1つの方向性は、生成AIが、PCにインストールされたマイクロソフト Office（Word、Excel、PowerPoint）のように「ビジネスアプリケーション化」するということである。つまり、文書作成、表計算、プレゼンテーションなどの「ビジネス基本ツール」と同様に普及していくということである。

すでに生成AIは、テキストや画像、音楽単体だけではなく、それらを含んだ映像やプレゼンテーションのスライドなどを作成できるものがある。今後は生成AIとそのベースになっているモデルなどで、業界や職種などの領域に特化したものが爆発的に増えていくことになるだろう。サイバーエージェントが独自に広告に特化した大規模言語モデルを開発したのは、その証左だともいえる。

また、マイクロソフトのExcelは現在、高度な計算を行うため、数学の公

図表 5.4-10　広告会社に求められる能力

（出所）野村総合研究所

式のような「関数」が使われている。加えて、文書の生成、データのチェックや修正、ファイルの統合や分割、そしてWordやPowerPointとのデータ・機能連携などのために、簡易的なプログラム文である「マクロ」が使われている。今後は生成AIおよびモデル同士も、同じような連携によって、より高度な業務が実現できるようになるだろう。

ただし、それは関数やプログラム文などの特別な「コード」ではなく、話し言葉である「自然言語」によってである。

文章作成やプレゼンテーションだけでなく、映像や音楽も「売り物」である広告において、ビジネスアプリケーションとしての生成AIは、必須のビジネス基本ツールとなるだろう（図表5.4-10）。

5.4.7　広告業務に求められる変革

これまで述べてきたような生成AIの業務活用実態と今後の予測を踏まえると、広告業務は今後、大まかに「デジタルシフト」と「コンサルティングシフト」という方向に変革が求められるだろう。デジタルシフトとは、インターネット広告および広告関連システム開発といったデジタル関連業務に加えて、データサイエンスの知見を加味したデータ分析と将来予測業務に、よ

図表5.4-11　デジタルシフトとコンサルティングシフト

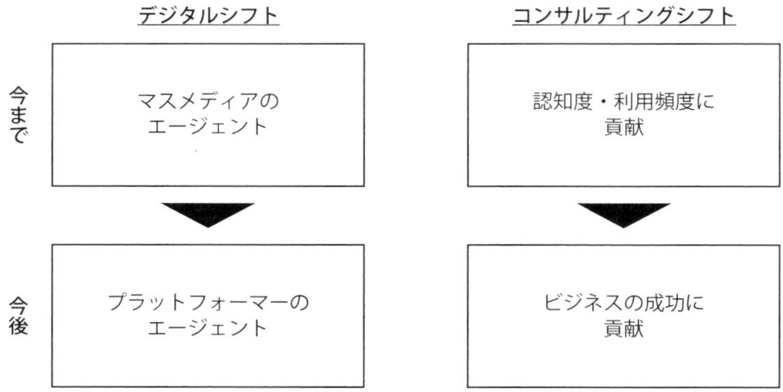

（出所）野村総合研究所

り強く舵を切ることである。そしてコンサルティングシフトとは、クライアントの経営課題にまで踏み込んだ施策の立案や、広告の成果の先にある売上や利益の確保といった実ビジネスへの貢献活動に、「広告ビジネスの枠を超えて」踏み込んでいくことである（図表5.4-11）。

デジタルシフトに必要な広告会社の機能は、インターネットメディアとのリレーション構築能力と、インターネット広告関連システムのインテグレーション能力である。かつてはテレビや新聞、雑誌といったマスメディアとの信頼関係構築に注力していたが、今後はグーグルやYahoo!、メタ（旧フェイスブック）などの大手プラットフォーマーの広告エージェント（代理人）としての役割を全うすることが、今以上に求められてくるだろう。また、クッキーレスへの対応といったAdTechに、生成AIを連携するようなインテグレーションも、今まさに求められているのである。

そして、コンサルティングシフトとは、データサイエンティストのようなスペシャリストによる高度な分析をもとにした、新規ビジネス開発のようなコンサルテーションである。これまで広告会社は、商品・サービスなどの認知度向上や、利用頻度を高めるためのムーブメントを起こすことを期待されてきた。しかし、今ではインターネット広告やSNSなどを活用して、自主的に広告やプロモーションを行うクライアントが増えてきた。今後は広告と同時にクライアントの売上・利益の向上や業務改革を実現するといった付加価値を付けないと、ビジネスチャンスは先細る一方なのだ。

デジタルシフトとコンサルティングシフトという両方の動きを加速させているのが電通グループである。

電通グループは2020年1月に持ち株会社である株式会社電通グループを発足させ、その下に事業会社である電通などの子会社を置き、かつて「本隊」であった電通とその他のグループ会社との序列を排して、関係をフラットにした。その電通と肩を並べる勢いで急成長しているのが「国内最大規模の総合デジタルファーム」を標榜する「電通デジタル」である。同社は創業7年で従業員数が2600人を超え、2030年には電通と並ぶ5000人を目標にしている。特筆すべきは、電通グループのAI専門会社・データアーティストを「広告部門」に吸収することで、生成AIの活用を強力に推進していることだ。ChatGPTのアカウントを全社員に配布するなど、社員の業務支援にも余念がない。

電通デジタルの強みは、広告関連のコンサルティングからシステム開発・運用、実行支援などを一貫してサービスできることである。それは広告分野において、ビッグデータやAIなどのデジタル技術を活用して、ビジネスモデルや組織などを改革し、クライアントの競争優位性を確立する「デジタルトランスフォーメーション（DX）」の担い手になったことを意味している（図表5.4-12）。

今後、広告会社は「DX案件」において、コンサルティング会社やシステム会社との「激突」が、避けられない状況にあるのだ。

図表 5.4-12　広告業界における DX

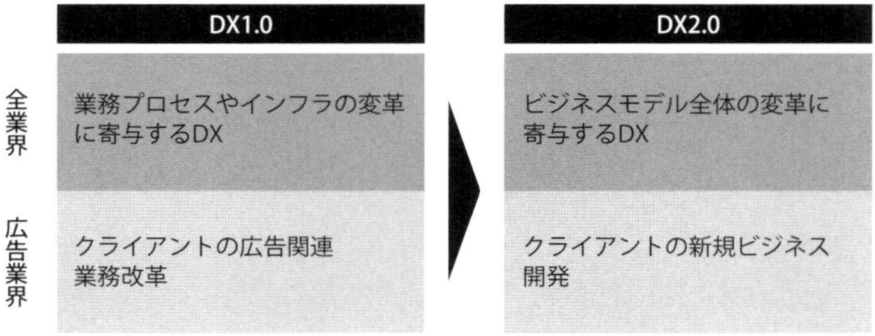

（出所）野村総合研究所

5.5 エンターテインメント業界

5.5.1 生成 AI により進化するエンターテインメント業界

エンターテインメント業界は常に新しいアイデアと技術により進化し、消費者に驚きと楽しさを提供してきた。そして、今日のエンターテインメント業界において、最も魅力的で革新的な変化は生成AIによりもたらされている。

従来のAIが大量のデータからパターンや法則を発見するのに対し、生成AIはユーザーの指示に基づき、コンピュータが新たなコンテンツを生成する技術である。2023年10月時点では、テキストと画像の生成が最も成熟しているアプリケーションであるが、生成AIは音楽、映像、アニメーション、プログラミングコードなど、幅広いコンテンツの生成が可能である。

◉エンターテインメント業界の構成要素と、生成AIの活用による変化

エンターテインメント業界は興行、出版、テレビ、ゲーム、音楽、映画、

図表 5.5-1　エンターテインメント業界の構成要素と、生成 AI の活用による変化

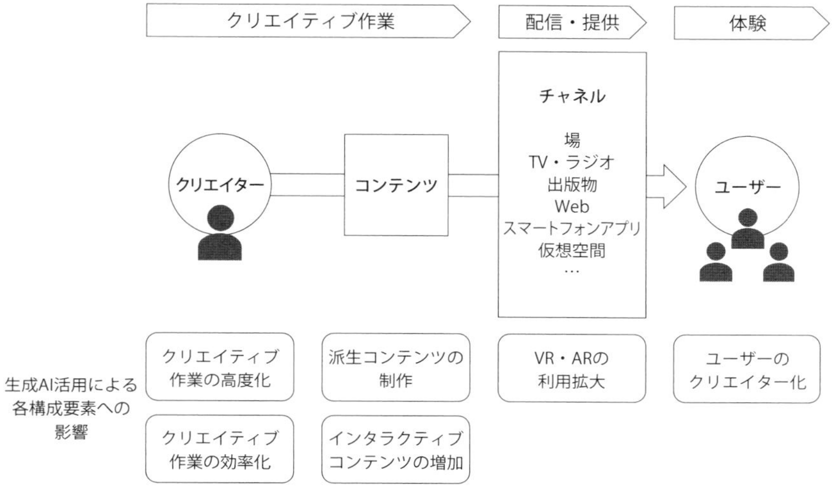

（出所）野村総合研究所

スポーツなど、複数の業種に分かれている。しかし、どの業種においても、構成している要素は、作品を創る「クリエイター」、作品である「コンテンツ」、ユーザーに作品を届ける「チャネル」、作品の消費者である「ユーザー」に分類できる。そして、生成AIがそれらの構成要素に与える影響は以下のようなものである（図表5.5-1）。

〈クリエイター〉

・クリエイティブ作業の高度化

対話形式でクリエイターとやり取りできる生成AIは、クリエイターの指示に基づき、画像、動画、ストーリーなどのコンテンツを作成できる。このため、クリエイターは自らのイメージを即座に具体化することができるだけでなく、異なる視点からの検討も可能になる。第三者の視点でコンテンツの内容を確認する「壁打ち」役として、生成AIを活用できるのである。従来、このような作業には時間と労力を要していた。また、自分がその制作スキルを持っていない場合は、他のクリエイターに依頼し数時間から数日待つ必要もあった。しかし、生成AIを利用することで、クリエイターは効率よく、短い期間でコンテンツの質を高められるのである。

・クリエイティブ作業の効率化

生成AIを活用することで、これまでクリエイターが手作業で行っていたタスクを省力化、自動化できる。たとえば、画像編集における背景の自動制作や、文字の指示による新たなアイテムの追加などである。クリエイターは、本来行うべきクリエイティブな作業に集中する時間を増やせるのである。

さらに、生成AIは大量の情報を読み解き、その要点を抽出し提示できる。ゲーム制作やメディアミックスのプロジェクトでは、多くの関係者が参加し、分業する場面が増えている。このような状況において、作業指示や関連マニュアル、制作におけるルールを整理・管理する生成AIツールの導入は、制作チーム全体の作業効率を向上させるのである。

〈コンテンツ〉

・派生コンテンツの制作

人々の興味やライフスタイルの多様化を受け、コンテンツ制作を手がける事業者は従来よりも多岐にわたる制作物を提供する必要性が高まっている。生成AIの活用により、事業者は1つの基本となるコンテンツから、状況やニーズに合わせて内容や雰囲気を調整した派生コンテンツの制作が可能となる。例を挙げると、出版分野において、オリジナルの画像をベースに、ターゲットとなる購買層の好みに合わせてデザインや色調を変更するといった具合である。これにより、事業者はオリジナルのコンテンツを土台にして、幅広い市場や多様な顧客層へ効果的にアプローチできるのである。

・インタラクティブコンテンツの増加

生成AIはユーザーと双方向でやり取りする、インタラクティブなコンテンツを実現できる。例として、ストーリー、挿絵、キャラクターを自動で生成し、ユーザーの好みや選択に応じて変化するゲームが挙げられる。これまでもプレイヤーの選択によってストーリーが変わるゲームは存在していたが、生成AIはより自然な応答が可能であり、テキストや画像だけでなく、映像や音楽などの異なる種類のコンテンツを組み合わせることで、ユーザーの没入感を高めることができる。

また、性格や役職などの指定により、生成AIは実在の人物が対応しているかのような、自然な応答を作り出す。この特性を活かし、ユーザーの問いかけに対し著名人や有名人が対話するチャットボットの制作も可能である。生成AIは、これまでにない、インタラクティブでユニークなコンテンツを提供できるのである。

〈チャネル〉

・VR・ARの利用拡大

生成AIによって創出されるテキストや画像、映像、音楽は、従来のチャネルであるテレビ、紙媒体、PC、スマートフォンアプリを通じて配信される。しかし、生成AIはこれらのコンテンツだけでなく、3D（3次元）で表示されるモデルやその動作を含めた「3Dアセット」の制作も可能である。3Dアセットの制作には、モデリング、テクスチャリング、ライティングといった多数の工程が必要であり、その制作は専門的なスキルを持つクリエイターに限定されていた。そのため、これまではコンテンツの数が少なく、活用機会も限られていた。しかし、生成AIの活用により、スキルを持たないクリエイターでもテキストによる指示でこれらの制作ができるようになる。その変化は、VRやARといった新しいチャネルの利用を拡大するのである。

〈ユーザー〉

・ユーザーのクリエイター化

生成AIはコンテンツ制作の技術的なハードルを大きく下げることで、これまでコンテンツを受け取るだけだったユーザーを、コンテンツ制作に参加するクリエイターへと変える。たとえば、テキストによる指示により画像や映像の雰囲気を自分の好みに調整したり、マウスや指の直感的な操作で自分自身をテレビ番組や映画のシーンに登場したり、といった具合である。この変化により、ユーザーはこれまでのように一方的にコンテンツを受け取るだけではなく、自らの想いや考えを形にし、インタラクティブにコンテンツを楽しむことが可能になる。生成AIはコンテンツの楽しさをさらに高めるのである。

生成AIはエンターテインメント業界のクリエイティブ作業、配信・提供方法、ユーザー体験すべてに影響を与える。しかし2023年10月時点の技術では、生成されるコンテンツの質や、微細な調整の難しさから、生成物をコンテンツとして直接利用するには課題がある。そのため、まずはクリエイティブ作業の高度化や効率化、派生コンテンツの制作など、間接的な利用から活用が進む。

5.5.2 先行企業による活用事例

ここでは生成AIの活用事例を、研究段階の事例も含め紹介する。

・HYBE：多言語のネイティブな歌声を生成し80億人にアプローチ

2023年5月、韓国最大のレコード会社HYBE（ハイブ）社は、生成AIを活用して、バーチャルアーティストMIDNATT（ミッドナット）の楽曲を韓国語、英語、日本語、中国語、スペイン語、ベトナム語の6カ国語で公開した。アーティストとして多くのファンとつながるには多言語バージョンの楽曲をリリースすることは魅力的である。しかしながら、正確な発音が求められるためその実現は容易ではない。正確な発音をしないと、楽曲の意味が誤解されるリスクがある上、ユーザーの没入感も損なわれるからである。ハイブ社はまず、歌手イ・ヒョン氏による各言語での録音を行った後、その発音を各言語のネイティブスピーカーのものと融合することでネイティブのような発音を生成した。生成AIの活用により、流暢な発音の習得にかかる長い時間や労力をかけずに、世界中で80億人をカバーできたのである。

・映画『エブリシング・エブリウェア・オール・アット・ワンス』：作業の自動化により、少人数のVFXチームでも高度な作業を実現

2022年3月に公開された映画『エブリシング・エブリウェア・オール・アット・ワンス』では、VFX（Visual Effects：視覚効果）の制作過程で生成AIが活用された。対象となったのは、制作スタッフが操作する岩から、その操作のための道具を取り除き、岩が自ら動いているかのような映像に仕上げる作業である。このような映像の加工は、画像認識技術の進化により一部が自動化されてきたが、似たような色調の部分や、細かい編集は人の手が不可欠であった。シーンによっては、数百枚に及ぶフレーム（動画の構成要素となる静止画像）を手作業で処理するという、手間のかかる作業を求められることもあった。しかし、動画の生成AIサービスを提供する企業ランウェイ（Runway）の技術を活用することで、半日を要していた作業が数分で完了するようになった。生成AIは自動化できなかった煩雑な作業を自動化し、少人数のVFXチームによる高度な編集を可能にしたのである。

・AnimateDiff：静止画像をもとに動きのあるアニメーションを生成

2023年7月、上海AIラボ・香港中文大学・スタンフォード大学の共同研究チームが「AnimateDiff」という新たなフレームワークを発表した。このフレームワークは、指定された画像をもとに一貫性を持った連続画像を生成することで、アニメーションの作成が可能である。テキストによる指示を通じ

図表 5.5-2　Metaの対話型AIアシスタント「Meta AI」

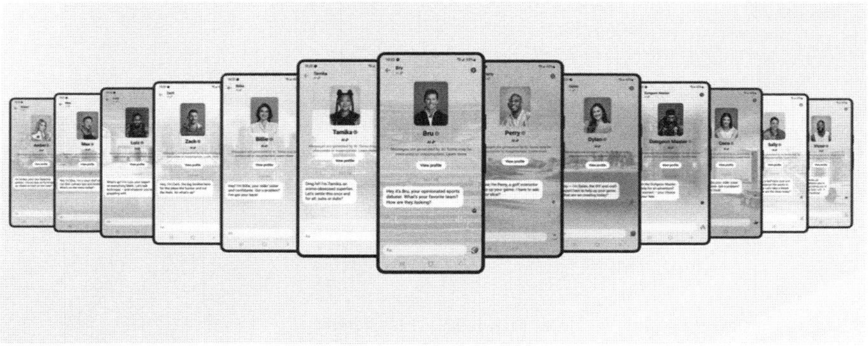

（出所）「Meta Newsroom」（https://about.fb.com/news/2023/09/introducing-ai-powered-assistants-characters-and-creative-tools/）

て、キャラクターの髪が風になびく動きや表情の変化、背景に舞う花びらなどの動画を制作できる。アニメーションは静止画に比べ、視聴者に生き生きとした印象や強い没入感を提供することができる。特別な動画制作スキルを持たなくとも、画像の魅力を高められるのである。

AnimateDiffはオープンソースとして公開されたため、誰でも無償で利用でき、有志による機能拡張も進められている。すでに、クラウドサービス「Google Colaboratory」や日本の作画AIサービス「Memeplex」上でも利用が可能で、日本におけるユーザーも増えている。本格的なアニメーション制作への適用にはいまだ品質面での課題があるものの、アニメーション制作における「中割り」作業（キャラクターなどが動いて見えるように原画と原画の間を描く作業）の確認や効率化には有効である。

・メタ：有名人のキャラクターを持つAIチャットボット

2023年9月、メタは年次カンファレンス「Meta Connect 2023」で、生成AIを活用した有名人を模した17人のチャットボットを発表した（図表5.5-2）。これらのチャットボットは、外見、声、口調が本人に似ているが、異なるキャラクターが与えられている。たとえば、モデルのパリス・ヒルトン氏は事件を解決する探偵、ラッパーのスヌープ・ドッグ氏はゲームのダンジョンマスター、そしてプロテニスプレイヤーの大坂なおみ氏はマンガ好きのキャラクターとして登場する。これらのキャラクターとはフェイスブックメッセンジャー、インスタグラム、またはVRヘッドセットのQuest 3上で、テキストチャットを通じてやり取りできる。

これまでも類似のチャットボットは存在していたが、その会話は機械的でパターンが乏しかったため、ユーザーからの評価は高くはなかった。しかし、メタのチャットボットは同社の大規模言語モデル「Llama2」が使われており、より自然な会話が実現されている。メタは技術を発展させ、ユーザーや事業会社が独自のチャットボットを作成するツールを提供予定である。これにより、事業会社はユーザーに対してインタラクティブなコンテンツを提供する新たな方法を探索できるようになる。

・ロブロックス：テキスト指示のみで3Dアセットを作成

2023年3月、3Dオンラインゲーミング・プラットフォームであるロブロックスは、プレイヤーが入力したテキストをもとに3Dアセットを生成できるツールを発表した。このプラットフォームでは他のユーザーが作成したゲームを楽しむだけでなく、自らがクリエイターとなり、作成したゲームを共有できる。しかし、魅力的な3Dアセットの制作にはBlenderやUnityといった3Dモデルを作成する専門的なツールの知識が必要であり、さらにそれを動かすためのコーディングスキルも求められるためハードルがあった。しかし、このツールにより、ユーザーは「2人乗りの、赤い前輪駆動のスポーツカー」といった指示を与えるだけで、仮想世界を走行する3Dアセットを、プログラミングコードも含めて簡単に制作できる。ユーザーはアイデアがあれば、プラットフォーム上で魅力的なゲームを制作できる（図表5.5–3）。

ロブロックスは世界中で毎日6500万人以上に利用される巨大なプラットフォームだが、その成長には、ユーザーのクリエイター化が不可欠である。新たなツールにより、これまでゲームを楽しむだけだったユーザーも、ゲー

図表 5.5-3　ロブロックスが提供する 3D アセット生成の例

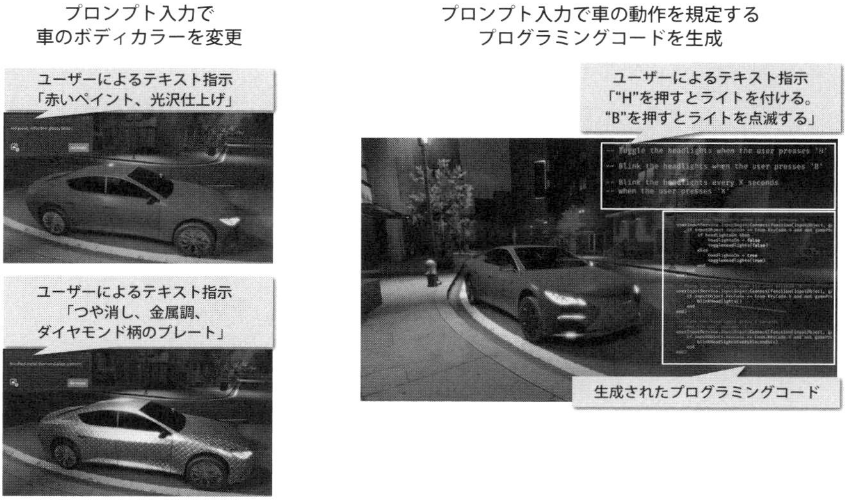

（出所）「Roblox Blog」より野村総合研究所加筆（https://blog.roblox.com/2023/02/generative-ai-roblox-vision-future-creation/）

ムの制作が可能になる。生成AIは同社のプラットフォーム利用をさらに拡大するのである。

5.5.3 生成 AI 活用における課題

◉生成AIの著作権リスク

生成AIの利用が拡大する中、生成されたコンテンツの著作権法違反リスクが課題となっている。特に、生成物が他者の著作物と類似している場合が挙げられる。これらのリスクへの対策は従来から各企業が実施してきたが、生成AIの進化に伴いクリエイターやコンテンツの増加が予想されるため、著作権法違反の確認プロセスのさらなる強化が不可欠である。

加えて、企業が利用する生成AIサービス自体の著作権法違反リスクも重要な考慮点である。利用する生成AIサービスが使用する基盤モデルが著作権法に抵触していないか、などである。例として、前述のロブロックスは自社で基盤モデルを開発しており、その学習データが著作権法に抵触していないことを保証している。しかし、一部の基盤モデルは学習データの公開を控えているものもある。また、アメリカのマイクロソフト、アドビ、グーグルは「自社のプラットフォームで生成したコンテンツについての著作権訴訟リスクの補償」を公表している。これらの著作権訴訟となった場合に提供される、生成AIサービスの補償も確認が必要である。これらの情報をもとに、企業は利用する生成AIサービスを選定すべきである。

さらに、自社の生成物が著作物として認められる可能性も確識しておく必要がある。著作権が認められない場合、他者による無断利用のリスクが生じるからである。2023年6月に文化庁が公開した「AIと著作権」という講演映像では、著作物にあたるかは人の創作意図があり、創作的寄与と認められる行為を行ったかが重要であると指摘された。生成物の著作権を主張する際は、生成AIの出力結果を直接利用するのではなく、作業効率化の手段としての間接的な利用が推奨される。

生成AIと著作権の関係についての議論は今も続いており、企業は継続した事例の情報収集とともに、ディープラーニング協会が提供する「生成AIの利用ガイドライン」などを参考にした自社の生成AIの活用方針やしくみを整備する必要がある。

◉社内での活用推進に向けた環境整備

生成AIは成長途上の技術であり、企業の業務における活用方法は技術の進化とともに模索が必要である。活用方法を模索する際、実際の作業を担当するメンバーの意見やフィードバックの取り込みが重要になるが、生成AIは新しい技術のため、活用方法やメリットを理解し、協力してもらうのは容易ではない。

この課題を解決するには、利用者コミュニティを構築し、その中で使い方を教え合い、改善要望を収集する方法が有効である。たとえば、画像生成

AIサービスを提供するMidjourney（ミッドジャーニー）は、オンラインコミュニティ・プラットフォームであるディスコードを活用してサービスを進化させている。「Midjourney」のユーザーはそのコミュニティ内で画像の生成だけでなく、他のユーザーが作成した画像の閲覧や、活用方法の共有が可能である。生成AIの利用とユーザー同士の交流が一体となった場は、使い方に戸惑う新技術の利用を促進し、同時にサービスを改善するユーザーのフィードバックの獲得にも貢献する。コミュニティの活用により、利用者の理解と協力を得つつ、技術の浸透を進めることができるのである。

5.5.4 生成AIの普及がもたらす変化

エンターテインメント業界において、生成AIの普及は以下のような変化をもたらす。

◉クリエイティブ作業に求められるスキルの変化

生成AIの進化により作業の効率化、自動化が進むことで、人間はクリエイティブな作業に専念できるようになる。アメリカ・ハリウッドでは、クリエイティブ作業を行うクリエイターやコンテンツの編集者が生成AIにより仕事が奪われると感じストライキを起こす事態も生じている。しかし、生成AIはプロフェッショナルの仕事を代替するものではなく、むしろその支援を目的としている。エンターテインメントの世界において、作品の質や面白さの判断基準は、最終的には人間の感性に委ねられる部分が大きい。したがって、クリエイター自身が生成AIを積極的に利用し、その機能や限界を理解することで、自らの専門性や独自性を再定義することが求められる。

さらに、生成AIは画像、動画、音楽などの制作に必要なスキルのハードルを大幅に下げ、より多くの人がクリエイティブな作業に参加できるようになる。この変化は特に個人クリエイターに大きな影響をもたらす。すでに多くの幅広いクリエイターを抱える企業と比べ、生成AIのインパクトが相対的に大きくなるからである。

企業のクリエイティブ部門の編集者は、この働き方の変化に適用し、社外のクリエイターとの連携を強化し、新しいマネジメントスキルを磨く必要がある。生成AIを活用した新たな業務や働き方を設計し、いち早く組み込めた企業やクリエイターは、生産性を大きく向上できるのである。

◉事業会社による3DCGの仮想空間の利用ニーズ増

3DCG（三次元コンピュータグラフィックス）の仮想空間は生成AIが生み出すコンテンツを、最も多くの種類利用するものの1つである。3DCGの仮想空間は3Dの空間だけでなく、背景やキャラクターの3Dモデル、それらの動作を定義するプログラミングコード、ストーリーや音楽といった多様なコンテンツで構成されている。

近年、メタバースに対する関心が増大し、多くの事業会社が独自の仮想空間を構築し、ブランディングやマーケティングを目的としたミニゲームなどを検討している。しかし、その制作には数百万から数千万円かかることもあり、利用の障壁となっていた。ところが、生成AIの登場により、基本的な雛型となる空間をもとに、企業オリジナルのカスタマイズを加えた独自の空間の生成が可能になった。これにより、事業会社は独自の仮想区間の構築コストを大幅に削減できるのである。たとえば、企業のロゴを取り入れたオリジナルの画像や3Dアセットの制作、さらにはブランドや商品のコンセプトや雰囲気に合わせた色味や音楽を持つ空間のカスタマイズ、そしてその空間でのユーザー体験のシナリオ設計などが挙げられる。

生成AIの進化により、事業会社はWebページやスマートフォンアプリと同様に、3DCGの仮想空間の利用を検討できるようになる。オンラインゲームを制作する企業はその支援機会が増すのである。

5.5.5 生成AIが描くエンターテインメント業界の展望

生成AIはエンターテインメント業界の構成要素に対して、幅広く変化を与える技術である。生成AIの活用により、クリエイティブ作業の高度化や効率化を促進するだけでなく、提供可能なコンテンツの種類を拡大し、ユーザーに提供する楽しさをいっそう底上げする。さらに、ユーザーが自らの思いや考えを具体的な形にすることが容易になり、エンターテインメントは受動的なものから、深い没入感を持つインタラクティブな体験へと進化するのである。

また、技術の進展やユースケースの展開は海外が先行しているものの、日本は独自のクリエイティブな風土と、広く愛されるキャラクターやコンテンツを持つ国である。そして、生成AIの活用において正しい回答が重要になる金融、医療といった業界に比べ、エンターテインメントは正解が1つに限られることはなく、多様な派生物の創出が求められる業界である。日本のエンターテインメント業界は、生成AIの活用がいち早く進む可能性を秘めているのである。

5.6 行政

5.6.1 なぜ行政で生成AI技術が必要とされているのか

行政機関とは、国や地方公共団体（通称：地方自治体）などの行政主体のために、行政権の行使に携わるさまざまな機関を指す。たとえば、地方公共団体では、日々、住民のための行政サービスの企画や立案、予算編成などに関し、大量の事務処理（行政事務）が行われている。

行政権の執行にあたっては、内閣や国会が定めた「法律」が拠り所とされるなど、行政機関にとって業務と文章作成とは切っても切り離せない関係にある。

文章生成AIは、大量のデータから言語の特徴や知識を獲得しているため、文の取り扱いに長けたAIであり、行政事務とも相性がよい。

2023年4月には、岸田文雄総理大臣とオープンAIのCEOサム・アルトマンが面会し、その後の松野博一官房長官（当時）の会見では、国家公務員の業務負担を軽減するために活用する可能性に言及するなど、生成AIに対する日本政府の動きもこれまでになく早く、前向きな意見が見られた。

◉行政事務における主な活用法

行政事務における、主な活用法としては、以下の4つが考えられる。

・あいさつ文や背景などの見出し文の作成

子育て世代向けなどのイベントの開催から、各種手続きに関する相談会まで、行政サービスの案内文には、その背景の説明や住民へのあいさつ文を欠かすことができない。対象のテーマを意識するのはもちろん、季節に関する話題や、お祭りのような地域ならではのイベントに触れるなど、想像以上に手間がかかる。また、毎度同じあいさつでは飽きられてしまう。文章生成AIは、入力される情報から、あいさつ文を草稿したり、見出しにひねりを加えたりしたものとなるよう、壁打ち相手となるだろう。

・アンケートの作成や分析

行政サービスの向上を図る上で、住民からの意見の収集は欠かせない。たとえば、アンケートは、有力な手段である。自由記載では、目的に沿った情報を取得できるとは限らないため、アンケートには収集したい情報をある程度想定した「設計」が必要になる。設計には、対象となる行政サービスが抱える「課題」に関する情報の収集と、その解決策の候補となる「仮説」に関する情報の二面が必要になることが多い。

行政サービスを担当する職員によって、課題の詳細や、改善に向けた仮説は検討できるが、問題は、いかにわかりやすく住民に伝えるかである。専門用語は、平易な表現に換えること、アンケートらしく、端的に説明し、答えに窮することがないようにするなどの配慮が求められる。文章生成AIの要約によって、短く、わかりやすい文に変換できるメリットは大きい。

生成AIは、アンケートの自由記入欄の分析にも有効である。どのような意見が多く見受けられたか、文章にまとめて説明したり、ポジティブな意見、ネガティブな意見に分類させ、件数として「見える化」したりするなど、これまで人海戦術で行ってきた分析を、AIによって自動化できる可能性もある。

・IT支援

Excelのマクロ作成やデータの整形、作業を効率化するためのコマンドなど、システム未満ではあるが、日々の業務を効率化するIT技術は、隠れた生産性向上の秘策といえる。専門のIT部門を持つような大きな組織でもない限り専門家からの支援は難しく、かつ、日常的に発生するちょっとした課題の解決を依頼するのは気が引ける。同じグループ内にITに詳しい職員がいれば相談もできるが、不在の場合もある。

ChatGPTをはじめとした文章生成AIの多くは、ITに関連する知識を獲得しているため、まるでITに詳しい同僚に相談するように、課題の解決を依頼できる。たとえ、完全な答えを獲得できなくとも、インターネット検索と併せ、関連する知識や情報を追加取得する糸口となれば、有効である。

・壁打ち

ニーズの変化に伴う新たな行政サービスを生み出すためには、「企画力」や「構想力」が必要である。文献調査や有識者へのヒアリングによる情報収集も重要であるが、住民の生活を思い、その地域の発展を見守ってきた職員の中に、ヒントが隠されている可能性がある。内にある「答え」を引き出すために、職員間のディスカッションは有効である。このディスカッションに先立ち、生成AIとの壁打ちは思いや考えをまとめるための「整理」として効果的である。また、ディスカッション時に生成AIをその一員として加える方法も考えられる。

5.6.2 行政における生成AIの活用事例や動向

◉日本国内の活用事例や関連する取り組み

・横須賀市

国内でいち早く、生成AIへの取り組みを始めたのが、横須賀市である。2023年4月には、日本のスタートアップであるトラストバンクの提供する自治体向け専用ビジネスチャットツール「LoGoチャット」とChatGPTとを接続し、生成AIの実証実験を開始した。個人情報や機密情報を入力しないなどの方針はもちろん、SaaS（Software as a Service）型の生成AIサービスで懸念される入力情報の2次利用による情報流出対策を施すなど、慎重な対応の上で始められた。2023年6月には、実証実験の結果が早くも報告され、実験に参加した約8割の職員が「仕事の効率が上がる」「利用を継続したい」と答えるなど、効果が認められたことから、横須賀市は本格導入に踏み切ると発表した。

2023年8月には、日本で近年、急速にユーザー数を増やしているソーシャル・ネットワーキング・サービスnoteと連携し、生成AIの活用法を共有するためのポータルサイト「自治体AI活用マガジン」を開設した。発表時点で、東京都や熊本市、神戸市などの11の団体が参加するなど、地域を越えた取り組みに発展している。

・東京都

2023年2月、生成AIのブームに先立ち日本マイクロソフトとDX（デジタルトランスフォーメーション）推進に向けた協定を結んでいた東京都は、2023年8月、「文章生成AI利活用ガイドライン」を策定し、資料を公開した。文章生成AIの特徴や利用環境、東京都が策定した利用ルール、効果的な活用法について、普段、AIやシステムになじみのない人にもわかりやすくまとめられている。東京都は、約5万人の職員を抱える巨大な公共団体であり、生成AIの本格利用を進めるインパクトは大きく、他の行政機関が生成AI活用に舵を切る起爆剤となった。

◉海外の活用事例

・シンガポール政府

シンガポール政府技術庁（Government Technology Agency of Singapore）傘下で公共サービスの課題解決に取り組む組織「OGP（Open Government Products）」は、2023年1月、毎年恒例の1カ月にわたるハッカソンを開催した。このハッカソンで生まれた生成AIサービスが「PairAI」である。Azure OpenAI Serviceを用いて開発され、文章の要約などが可能で、事務作業や調査業務、運用作業を支援する。Azure上にログを残さないよう設計され、マイクロソフトのOffice製品にアドインとして組み込み利用できる。トライアル開始から、2カ月で100以上の政府機関に及ぶ1万1000人以上のユーザーが利用し、毎週4500人以上のアクティブユーザーを数えるサービスに成長した。

シンガポールのデジタル産業省らは、2023年7月、グーグルクラウドと提携し、行政向けの生成AIアプリケーションの開発のためのサンドボックス環境を整備した。この環境を利用して、100日間で100のソリューションの開発を目標として始められた。正確な情報源からなる独自モデルの開発により、信頼性が高く、公平性の高い生成AIの構築などが検討されている。

・カリフォルニア州サンノゼ市

サンノゼは、シリコンバレーの中心地であり、AI半導体メーカーであるNVIDIAの本社のあるサンタクララと隣接しているなど、ITやAIとは関連の深い都市である。サンノゼ市は、2023年7月、生成AIに関するガイドラインを公開した。主な観点は、以下の7つである。

1. 機密情報や個人情報を生成AIサービスに入力しないこと
2. 生成AIの出力は、複数の情報源によって事実確認し、不正確な情報であれば修正すること
3. 画像生成AIを活用して作られた生成物などを、一部、全体を問わず最終成果物として使用する際には、生成方法を専用の記録フォームにログとして残すこと
4. 市が契約した生成AIサービスを利用すること
5. 追加のルールが所属する部門にある場合には従うこと
6. 四半期ごとにガイドラインは見直されるため、最新版を常に確認すること
7. サンノゼ市が設立したAI利用の成功事例などを共有するAIワーキンググループへの参加が推奨されること

サンノゼ市のように、ガイドラインを設けたアメリカの都市には、マサチューセッツ工科大学のあるボストン市、マイクロソフトのおひざ元のシアトル市などがある。

5.6.3 生成AI活用の課題

行政サービスとは、税金を主な財源として、国民や住民の生活が便利で豊かとなるためのサービス全般を指す。サービスの計画や運営には、公平性や透明性が求められる。この観点からも、生成AIを行政で活用する際には、

生み出す情報に偏見や誤りがないか、職員による確認は必須である。海外ベンダーが開発した生成AIは、日本固有の情報や制度に関する知識は不足しているといわれる。たとえば日本の法律の理解は十分ではないおそれもあるため、あくまで参考情報に留め、最終判断は必ず有識者が行う必要性がある。また、最新の情報は、インターネットなどから取得し、生成AIのプロンプトに添えることで、回答精度を高めることも有効である。誤情報を引き起こしやすい、史実のような事実に関する情報も同様で、正しい情報をプロンプトに与え、そこから目的とする作業をさせるなど工夫が必要になるだろう。

言葉の取り扱いという観点では、専門用語の問題もある。行政の独特な言い回しは、行政職員以外にはなじみが薄いように、生成AIも知識を獲得していない可能性がある。このため、一般的な生成AIサービスで対応が難しいシーンでは、行政文書などを特別に学習した生成AIサービスが必要になる。相模原市は、2023年10月、NECが開発する大規模言語モデルに対して、行政の専門用語を取り扱いできるようチューニングし、その効果を確かめる共同検証の開始を発表した。日本語に強い大規模言語モデルの開発は、産業技術総合研究所（AISI）や東京工業大学などからなる研究開発を行うグループ「LLM-jp」も取り組み始めており、今後、サービスの選択は増えると思われる。

画像生成AIのようにデザインの類似性によって、著作権の侵害が疑われうるケースでは、そもそも活用を控えるか、もしくは、サンノゼ市のガイドラインにあるように作成プロセスを証跡としてあらかじめ残すことで、著作権を侵害する意図はなかった旨を証明する必要性がある。

行政は、大量の個人情報を取り扱ったり、公共入札のような極めて機密性の高い情報を取り扱ったりするため、生成AIの活用により、意図しない形で情報が流出しないよう細心の注意が必要になる。住民へのアンケート結果も、記名式のものはもちろん、個人が特定できるような情報を取得した場合は、個人情報として厳密に取り扱い、行政機関ごとに定める既存のITサービスのルールに従って生成AIの利用の可否を判断する。

図表 5.6-1　東京都の定める機密レベル

機密性	セキュリティポリシー上の分類	情報資産の例
A	秘密文書に相当する、高い機密性を要する情報資産	個人情報、契約関係情報、訴訟・審査請求等に関する情報 等
B	秘密文書に相当しないが、直ちに一般に公表することを前提としていない情報資産	内部通知、事案決定手続きを経ていない企画資料、経常業務の事務手順や実績 等
C	機密性 A または機密性 B 以外の情報資産	東京都のホームページ等で公開済みの行政情報 等

（出所）東京都サイバーセキュリティポリシー

参考として、東京都の文章生成AI利活用ガイドライン（Version1.2）では、マイクロソフトのクラウドサービスAzure上に構築された生成AIサービスを外部サービスとみなし、個人情報や機密情報を入力しないことをルールとして定めている。データの取り扱いの根拠として、東京都サイバーセキュリティポリシーの定める図表5.6-1の区分に従い、機密性の最も高い「A」に該当するデータの生成AIサービスへの入力を認めていない。

日本の行政機関では、インターネットと行政機関内のネットワークとを分離しているため、SaaS型の生成AIサービスを利用する場合、ネットワークも問題となるだろう。横須賀市のように、すでに利用を始めているチャットボットサービスをブリッジとして、外部の生成AIサービスに連携するのも一案である。ブリッジするシステム上でログを取得し、個人情報や機密情報と思しきものが入力された際には、システム側でブロックするなど、セキュリティリスクを抑える施策も検討できる。

行政をめぐるクラウドサービスのトレンドとしては、ソブリンクラウド（Sovereign Cloud）がある。ソブリンクラウドとは、各国の政府や政府機関、特定の地域が定めるセキュリティ基準や法的要件を満たしたクラウドサービスを指す。データセンターは対象国の国内に設置され、クラウドのデータが国外に持ち出されることがない。従来のパブリッククラウドサービスでは、利用するデータセンターが国外のロケーションである場合は当然ながら、国内のデータセンターを選択していたとしても、サービスの設計次第では、データが国外のセンターを流れる場合も考えられる。この場合、所在国による法的な影響を受けるなど、サービスの持続性や機密データの保護の観点から一定のリスクが伴った。

日本においても、ソブリンクラウドは注目を集め始めており、デジタル庁などが設計、整備を始めているガバメントクラウドでも、今後、関連する検討が始まる可能性が高い。ガバメントクラウドは、行政サービスを担う基盤システムともなることから、その方針のインパクトは強く、生成AIサービスにも少なからず、影響を与えるだろう。将来に備えるという観点では、特定のサービスに依存しないようシステムを設計したり、そのサービスを提供するデータセンターの所在地が国内であるかどうか確認したりするなど、目先の利便性にとらわれない、中長期の戦略が求められるだろう。

5.6.4 展望：生成AIが全国に普及していく

行政における生成AIの活用は、事務処理において、大量の文章を扱う点から大きな期待を集めている。今後、職員の業務を支援する「アシスタント」として、生成AIは利用が拡大すると思われる。国内では、少子高齢化が進む中で、労働人口が減少し、企業との人材獲得競争は、よりいっそう厳しいものとなるだろう。日本政府は、生成AIを行政サービスにおける生産性向上の切り札と位置づけ、活用法を検討するなど、利用を後押ししている。立ち上がりこそ、他の産業に後れをとったものの、生成AIの導入は、その後、地方公共団体を中心に着実に増加している。横須賀市が独自に始めた「自治体AI活用マガジン」や東京都の作成した「文章生成AI利活用ガイドライン」などが弾みとなり、生成AIは日本全国に普及していくに違いない。

第 6 章

生成AIのもたらす未来

6.1
企業における生成AIの導入

6.1.1 短期間で浸透した生成AI

「生成AI」という言葉は、どれぐらい浸透しているのだろうか。

野村総合研究所では、日本人の一般就労者を対象に「AIの導入に関するアンケート調査」を実施した。調査は、2023年5月と10月にインターネットを使って、パート・アルバイトを除く就労者20〜60代（性・年代別に均等割付）を対象に実施している。

この調査結果から、「生成AI」という言葉の認知率を調査した結果が図表6.1−1だ。日本人の一般就労者で見た場合に、「生成AI」の認知率は、「確かに知っている」と「聞いたことがある」を合わせると、2023年の5月の時点では50.5％であったのに対し、10月では70.5％と急速に高まっている。「確かに知っている」と回答した割合も15.3％から26.8％まで高まっており、生成AIを名前だけ知っている人ではなく、内容までしっかりと理解している人が増えたと考えられる。

ChatGPTは2022年11月30日に提供が開始された。「生成AI」という言葉が、使われ始めるようになったタイミングから、わずか1年の間で、日本における「生成AI」の認知率は7割まで高まった。認知率の水準が高いことだけではなく、浸透したスピードの速さも生成AIの特徴であるといえる。

6.1.2 IT・通信業界で進む生成AIの導入

会社の業務の中で、生成AIが導入されている割合を見てみよう。自身の仕事における業務の中で、具体的に、「生成AI」を用いたツール・アプリ

図表 6.1-1　生成 AI の認知率

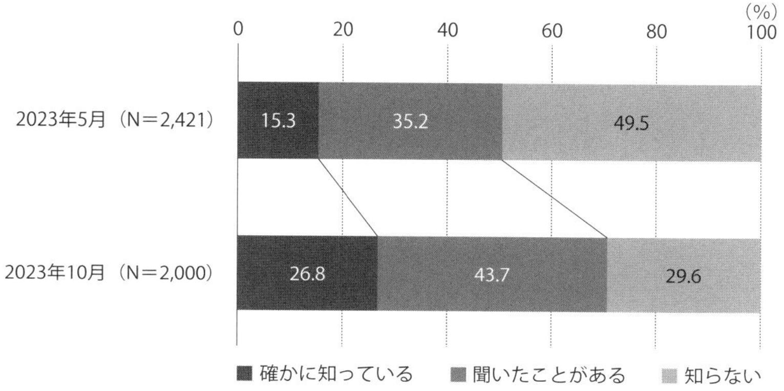

（注）一般就労者 20 ～ 69 歳を対象、性・年代で均等割付
（出所）野村総合研究所「AI の導入に関するアンケート調査」（2023 年 5 月・10 月）

ケーションを使っているかをたずねた結果を整理したものが図表6.1-2となっている。

生成AIの導入率について、業種を問わず就労者全体で見ると、2023年の5月の時点では9.7%であったのに対し、10月では12.1%となっている。10月の時点では、実際に業務で使っている割合が4.4%で、業務に使えるかどうかを具体的に試している割合が7.7%となっており、合わせて12.1%の就労者が業務で生成AIを導入している可能性がある。

業種別で見ると、IT・通信、金融・保険などの業界で生成AIの導入率が高くなっている。IT・通信業では、システム開発などの業務において、ドキュメント作成やプログラムコード作成などで導入が始まっていることが考えられる。金融・保険などのサービス業では、カスタマーサービスの合理化のための利用や、営業支援などで活用している例が多く見られている。

2023年の5月から10月にかけて、生成AIの導入率が拡大した業種としては、5月の時点ですでに導入率が高かったIT・通信、金融・保険などの業界に加えて、建設・土木、運輸・物流などにおける業界での導入が進んでい

図表6.1-2　生成AIの業務への導入状況

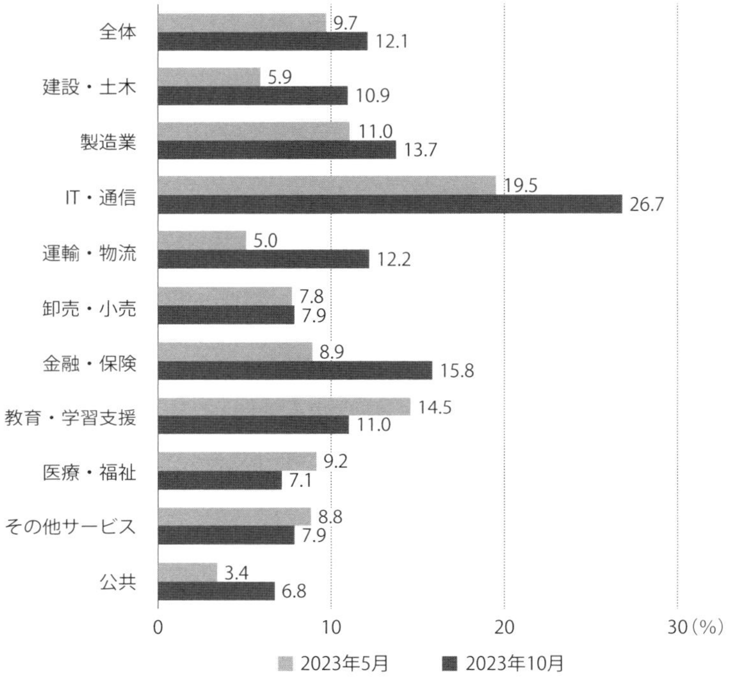

（注）「業務で現在使用中」または「トライアル中」と回答した割合
（出所）野村総合研究所「AIの導入に関するアンケート調査」（2023年5月・10月）

る。建設や運輸における業務効率化や最適化などの工程での生成AIの活用が進んでいると考えられる。公共分野においても、導入率が3.4%から6.8%と倍増しており、絶対水準は低いものの浸透が急拡大している業種といえそうだ。

一方で、卸売・小売、医療・福祉、その他サービスなどの業種では、5月から10月にかけての生成AI導入は進んでおらず導入率は10%を下回る水準となっている。これらの業界では、AIによる自動発注や、創薬へのAIの活用などが、以前から検討されてきた業界である。ただし、AIを業務に使う方法のレベルが高く、一部の企業では積極的に利用されているが、多くの企業に広く浸透するにはまだ時間がかかりそうだ。生成AI活用のユースケースが浸透すれば多くの企業で導入されるようになるだろう。

ChatGPTが2022年11月に発表されてから、わずか半年で9.7%の就労者が生成AIを利用し、さらに1年後の2023年10月では12.1%まで導入が進んだ。生成AIの具体的な活用の仕方が共有されるようになってきており、企業の業務の中で、今後も急速に生成AIの導入は進んでいくものと考えられる。

6.1.3 日常業務のサポートから創造的業務へ

具体的に生成AIを利用している業務内容と、今後利用できると考えている業務内容を整理したものが図表6.1-3だ。テキスト、メール、プログラム、画像など、生成できるコンテンツ別に利用状況を整理している。

現状で導入が進んでいる業務としては「あいさつ文などの原稿作成」「記事やシナリオ作成」などのテキストのアウトプットが圧倒的である。創造性のあるコンテンツを生成するというよりは、簡単な出力結果を業務に活用しているのが現状だ。ChatGPTなどにおけるテキスト（文章）ベースにおけるコンテンツの生成を活用していると考えられる。

テキスト以外では、「挿絵やイラストの作成」で現在利用している人が16.1%、「動画の作成」が9.2%となっている。少ないながらもテキスト以外のコンテンツ生成に活用している事例も見られる。

今後の活用可能性と、現状の利用状況の差を見ることで、今後、利用が増加すると考えられる生成AIの活用方法を推測することができる。同じテキストの生成の中でも、「マニュアル作成」や「議事録の作成」などに対する期待が高く、現在の使い方よりは、より深い業務の支援における活用が期待されている。プログラムの「作成」についても、今後の利用として期待している人が多く、プログラムの「チェック」だけではなく、「作成」まで生成AIが使われていくことになるであろう。

図表 6.1-3　生成 AI 利用の業務内容

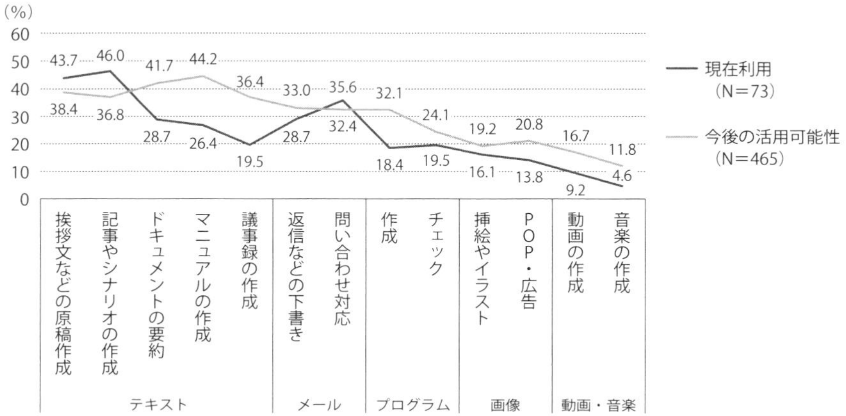

（出所）野村総合研究所「AIの導入に関するアンケート調査」(2023年10月)

6.1.4　日米の導入の差から見た将来展望

生成AIの導入率について日米における差を見たものが図表6.1-4だ。データサイエンティスト協会が実施した調査結果で、日米の一般就労者を対象に、生成AIが業務の中で導入されているかどうかを調査した結果となっている。

トライアル中まで含めると、2023年の8月時点で、日本の導入率が10.9%であるのに対し、アメリカの場合は25.9%となっており圧倒的な差だ。利用を検討している割合まで含めても、日本は20.0%で、アメリカは42.0%となっており、短期的にはアメリカの企業と比べると、日本の企業で生成AIが導入される割合は半分以下である。

AIの分野において欧米と比べて日本は大きく後れをとってしまっている。AIに対する明確な国家戦略もなく、そのため、企業の意識が低く、AI関連の研究開発への投資や、人材育成が十分に行われてこなかった。その結果が

図表 6.1-4　日米における生成 AI 導入率の差

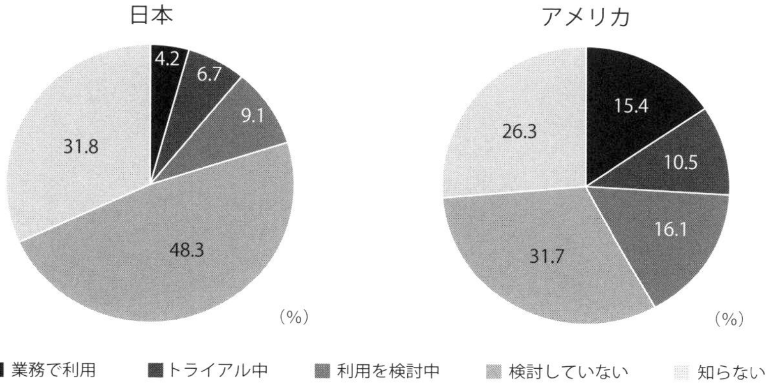

（注）20 ～ 69 歳、性・年代で均等割付、日本 2000 サンプル、アメリカ 1000 サンプル
（出所）データサイエンティスト協会「一般ビジネスパーソン調査の日米比較」（2023 年 8 月）

如実に現れている結果が、この調査結果である生成AIの導入率であるともいえるだろう。

今後、この差が未来永劫変わらないわけではない。もともと日本企業は先進企業のキャッチアップの速さでは定評があった。先に行くことは不得手でも、追いつくことは得意なはずだ。国、企業、就労者の意識が変わることで、欧米に追いつくことはできる。

生成AIの導入率（日本：10.9%、アメリカ：25.9%）の差は、意識の差でもある。日本において、技術的に導入できないわけではなく、導入しなくても困らない、導入するのが面倒だなどの意識における障壁が大きいと考えられる。生成AIをはじめとするAIの技術を業務に反映しなければ世界的な競争の中で生き残れないという意識を就労者自らが持つことが重要だ。そうすることで、結果として、生成AIの導入率はアメリカ並みになり、日本企業においてAIが多方面で活用されるようになるであろう。

6.2
生成AIで変わる「生活」

6.2.1 生成AIでなくなる仕事

生成AIが一般の人の「生活」に及ぼす影響として、最もインパクトがあるものが仕事との関係だろう。いわゆる「AIに仕事を奪われる」という問題だ。

「定型的な」仕事については、データさえあればAIで置き替えることが可能と考えられている。仕事がなくならないまでも、大幅に簡略化されたり、効率化されることで、その職種に必要な人の数は減少すると考えられる。野村総合研究所では、日本の労働人口の49%がAIやロボットで代替可能という試算を行った。日米英の3カ国で比較をしており、特に日本では、AIで代替できる仕事についている人の割合が多いという試算をしている（図表6.2-1)。

AIで代替される具体的な職種として、一般事務員、オペレーター、警備員、建設作業員、スーパー店員、電車運転士、電気通信技術者などが挙げられる。他の論文などでは、弁護士などの専門知識を有する仕事でも、AIで仕事のやり方が大きく変わると指摘されている。

生成AIの登場で、この傾向は、さらに確信が持てるようになってきたといえる。弁護士の仕事をサポートする生成AIもできてきており、過去の判例に基づいて訴訟の内容を考えるような業務についても、AIの助けを借りて相当な効率化をすることが考えられる。専門的な知識を持つ限られた人しかできなかった仕事が、必ずしも専門知識を持たない人でもできるようになり、弁護士という専門職でも業務内容が大きく削減、変化していくものと考えられる。

図表6.2-1　人工知能やロボットによる代替可能性が高い労働人口の割合

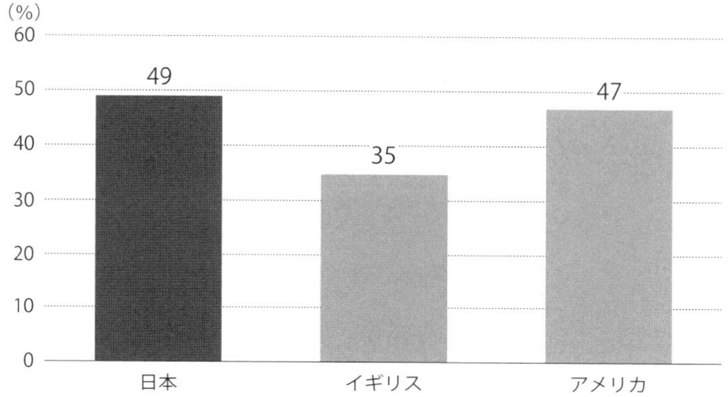

（注）アメリカのデータはオズボーン准教授とフレイ博士の共著『The Future of Employment』（2013）から、またイギリスのデータはオズボーン准教授、フレイ博士、およびデロイト トーマツ コンサルティングによる報告結果（2014）から採っている。
（出所）野村総合研究所プレスリリース（2015年12月2日）

日米のAIに対するイメージを比較した結果を紹介しよう。（一社）データサイエンティスト協会が実施した調査結果によると、AIに対して「人間の仕事を奪う」と考えている人は、日本では24.3％であるのに対し、アメリカでは35.5％となっている。それ以外でも「不安である」や「なんとなく怖い」というネガティブな回答をしている人がアメリカで多くなっている（図表6.2-2）。

同様の調査では、業務におけるAIの導入率を比較すると、日本よりもアメリカで進んでいることが指摘されており、アメリカの就労者の方がAIに仕事を奪われる危機に直面していると考えられる。その結果として、人間の仕事を奪うというイメージを持ちやすいのであろう。アメリカの就労者の3人に1人がAIが「人間の仕事を奪う」と考えており、日本でもアメリカ並みにAIが浸透すれば、同程度の人が感じるようになるであろう。

図表 6.2-2　AIに対するイメージ

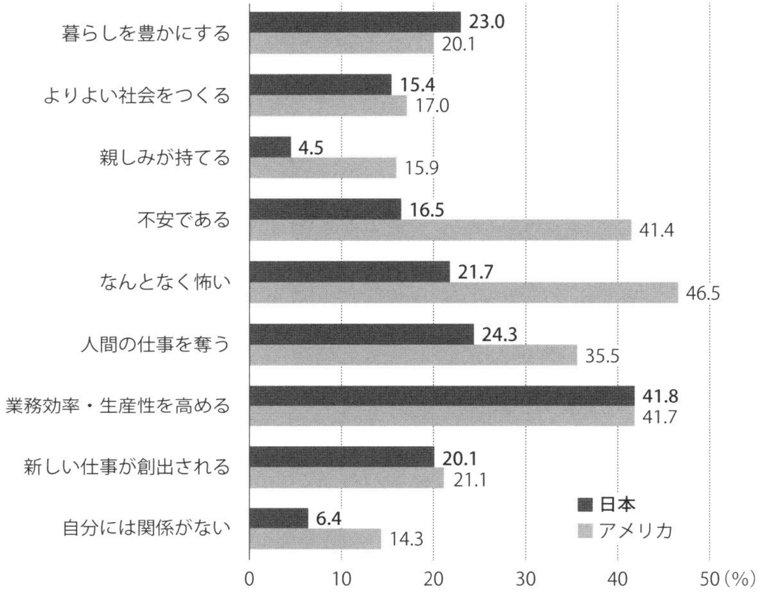

（注）20～69歳、性・年代で均等割付、日本2000サンプル、アメリカ1000サンプル
（出所）データサイエンティスト協会「一般ビジネスパーソン調査の日米比較」（2023年8月）

6.2.2　生成AIで生まれる仕事

日本の就労者に求められることは、AIが仕事を奪う可能性はあるものの新しい仕事を生み出すこともあると認識することだ。

すでにChatGPTなどの生成AIを業務の中で使っている人も多いだろうが、これからも利用する場面は増えることは間違いない。ChatGPTを相棒として使うことで従来の業務は効率化され、余った時間は、それ以外の業務に充てることも可能だ。何より、従来は自分ひとりではできなかった業務が、ChatGPTを使うことで、客観的な指摘を得ることができ、よりレベルの高い仕事ができる。

具体的な例を紹介しよう。ChatGPTはテキストによる文章を作成することができる。たとえば、議事録や報告書を作成することができる。ただし、実際に使ってみると、思ったようなアウトプットを得られないと感じている人も多いだろう。最終的には、人の手が必要になるし、場合によっては、人がやったほうが早いと感じているのではないだろうか。マーケティング戦略の立案などの場面では、ChatGPTにキャッチコピーを考えさせるという使い方もある。ただし、これも、なんとなく使えそうなアイデアはあるが、細かな手直しは人の手が必要と感じている人が多いだろう。今後、生成AIのアプリケーションなどの精度が向上することで、徐々に改善していくものと考えられるが、それでも不十分な部分は残る。

確かに、まだ生成AI側のアウトプットのレベルが低い場合もある。しかし、生成AIは使いようである。人が生成AIを使いこなせていないことに問題がある場合が多いのだ。

「プロンプトエンジニアリング」という考え方がある。生成AIに対する指示の出し方によって、回答の質が大きく変わるため、生成AIの特徴やクセなどを理解しながら、適切な指示・命令をすることだ。効果的なプロンプトを設計することで、精度の高い回答を得ることができる。言い換えると、プロンプトを使いこなせないと、意図した通りの回答を得ることができないのだ。

効果的なプロンプトとしては、指示の内容を「具体的」にすることや、複雑でわかりにくい命令ではなく「明確にする」ことなどがいわれている。また、出力して欲しい項目、形式、個数など、範囲を特定することも効果的だ。また、最初からすべての回答を得るようなプロンプトを実行するのではなく、生成AIと対話しながら命令・指示を絞り込むことで、回答の精度を徐々に高めていく方法もある。

このように、生成AIを使いこなすようにプロンプトを考える技術者が「プロンプトエンジニア」と呼ばれている。まさしく、普段の業務にAIが導入されたことで新たに生まれた仕事・職種の代表例だ。

生成AIが業務に浸透することで、奪われる仕事・業務があることは間違いない。いつまでも古い仕事・業務に固執するのではなく、生成AIが導入されることで新たな仕事・業務に注目することが重要だ。プロンプトエンジニアといっても、マーケティングの仕事をしている人のプロンプト作成と、弁護士などの法律業務に携わる人のプロンプト作成は異なる。専門性の数だけプロンプト作成の仕事はあるだろう。

自らの業務に生成AIが導入された場合に、AIに代わることができる業務や、AIにサポートしてもらうことで効率化できる業務が何かをしっかりと考えることが重要だ。その上で、人間がやるべき業務が何か、新しく発生する業務が何かを考えなければ、AIに仕事を奪われるだけで終わってしまう。AI導入は目前に迫っている。今からでも生成AIで生まれる新しい仕事・業務を考えておくべきだ。

6.2.3 生活を支えるAIの活用事例

AIはわれわれの生活の中でもさまざまな場面で活用されており、多くのAIのメリットを享受している。エアコン、冷蔵庫、スマートスピーカーなどの家電製品にもAIは導入されているし、介護・医療などをはじめとするロボットでも活用されている。翻訳やゲームなどのアプリケーション、転職・恋愛などのマッチングサービスにも使われており、AIはわれわれの生活を多方面で支えている。

実際に、生活者に求められているAIの活用分野を整理すると、図表6.2-3のようになる。「以下の製品・サービスにおいて、AI・人工知能の技術が使われているものを利用したいと思いますか」と聞いた結果だ。最も多かったものがエアコンや冷蔵庫などの生活家電だ。温度調整などで早くからAIの導入が進んでいることもあり、生活者の期待が大きい。

2番目としては、対話型アプリ、自動翻訳、ロボットなどにおけるコミュニケーション分野での期待が大きい。自動翻訳などの精度が高まり、外国人

図表 6.2-3　AI が使われているものを利用したい製品・サービス分野

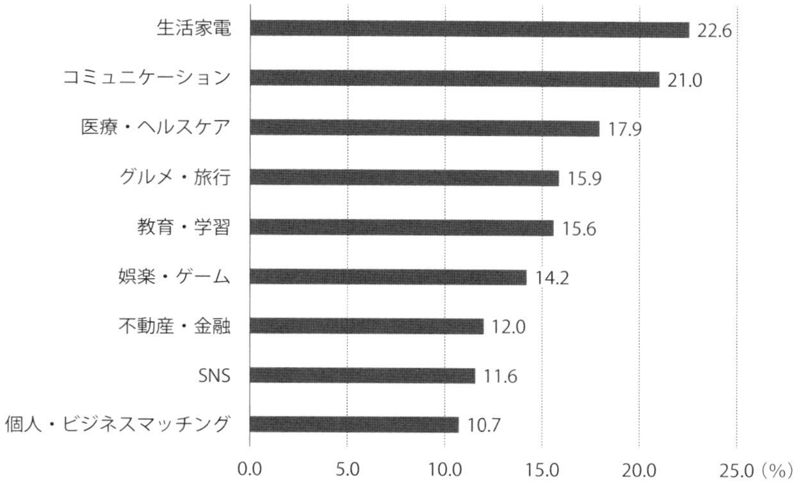

（出所）野村総合研究所「AI の導入に関するアンケート調査」（2023 年 10 月）

とのコミュニケーションで大きな期待がされていると考えられる。生成AIの浸透により「英語を学ぶ意味があるのか」という議論も出始めており、それぐらい大きな影響がありそうだ。

次いで、ダイエット支援やトレーニング支援などの医療・ヘルスケア分野、飲食店・宿泊施設の予約などのグルメ・旅行分野、オンライン学習支援などの教育・学習分野などにおける期待が大きくなっている。

生活者が望む・望まないに関わらずAIは生活に影響を与えている。医療分野ではAIによる自動分析・診断が進み、医療の高度化や医師不足の解消につながっている。人とのコミュニケーションでもAIが浸透しており、コールセンターにおけるチャットボットなどで導入されており、オペレーターの負担軽減をするだけではなく、問い合わせた人も効率的に対応してもらえるようになってきている。AIが導入されたロボットは、ひとり暮らしの高齢者などとのコミュニケーションを促進し、より自然な会話を生み出している。

教育分野ではAIを用いてより効率的に学習する方法などが研究されてお

り、塾などの業界ではAIの導入を進めている。一方で、教育の現場では、AIとの付き合い方が大きな問題となっている。宿題やレポートなどをAIで済ませてしまったり、作文や絵画などで、生成AIを活用することが起こっている。各種コンクールでは生成AIの使用を禁止する動きが広がっているが、提出されたものがAIによるものなのか、人による創作なのかの判断が難しい。家庭における教育においてもAIとの付き合い方は大きな問題になってくるであろう。

直近で、生成AIが最も生活に影響を与えるようになる事例としては、検索機能としての生成AIが挙げられるだろう。従来であれば、何か知りたいことがあった場合に、グーグルやYahoo! を使って情報を検索することが多かった。いわゆる「ググる」という行為だ。これが、ChatGPTなどを使って、知りたいことを問い合わせるようになる変化だ。命令文（プロンプト）を使いこなすことによって、グーグルなどで検索するよりも、より知りたいことをわかりやすく伝えてくれる場合も多い。現時点では、ChatGPTの効果的な利用が浸透していないため、そこまで利用されていないかもしれない。しかし、インターネットが普及してから、「ググる」という行為があっという間に常識になったように、最初に生成AIで調べるということが当たり前になる可能性もある。一般の人にとっても、より使いやすいアプリやソフトが普及すれば、この傾向は加速するだろう。

6.2.4 AIがもたらす10年後の未来

もう少し長い目で、AIが人々の「生活」に及ぼす影響を考えてみよう。

まずはAIにより仕事のやり方が構造的に変化することが挙げられる。AIでなくなる仕事もあれば、生まれる仕事もある。従来のような職種のくくりでは考えられないようになるだろう。AIでできる仕事の範囲は変化し続けるため、長い間同じ仕事をするのではなく、仕事の内容そのものを変えることが当たり前になる。具体的には転職が当たり前になる時代がくる可能性が高い。現在の転職のように、会社で獲得した経験を活かして他の会社へ移るのではなく、まったく違う職種への転職が増える。そのため、近年話題になり始めたリスキリングの重要性がさらに高まるだろう。

AIは人の仕事を代替することができる。すでに単純作業などの代替が進んできているが、これからは、もう少し高度な判断を必要とする分野においても代替が進む。最も顕著な例としては、自動運転が挙げられる。SF映画の世界では自動運転のシーンが描かれることが多かったが、安全性などの観点から、現時点では実現できていない。多くの企業で自動運転の実験が行われており、近い将来、安全な自動運転・自動輸送が実現されると考えられる。

自動運転が浸透する背景には、人々が生活する上で切実な課題がある。物流業界におけるドライバー不足の問題は、人々の生活に浸透したネットショッピングができなくなることを意味している。タクシーやバスの運転手の不足も、特に地方部では、切実な課題だ。運転手の不足は、現時点の課題というだけではなく、将来のなり手が不足していることも深刻で、根本的な解決策が求められている。AIによる自動運転は、これらの課題を解決するための効果的な手段であり、官民が協力して進めることで、生活における移動や物流を維持するために大きく貢献する。

AIの得意な業務として、個々のニーズに応じてサービスを変えることができることも挙げられる。人手で対応すると画一的になりがちなサービスも、AIを活用することで個別対応をすることが可能になる。コールセンターなどの問い合わせ対応業務では、問い合わせをしてきた人の質問内容に応じて、自動的に対応できるようになっている。さらに、消費者に商品・サービスをすすめたり、営業トークを考える際にも、AIを活用することで、消費者のニーズに合致した内容ですすめることができる。

個々のニーズへの対応という面では、これから期待される変化としては、教育におけるAIの導入である。1つの教室に集めて、多くの生徒を対象に同じ授業をするという学校教育のあり方は、大きくは変化していない。新型コロナの流行の影響もあり、リモート教育は普及した側面もあるが、個々の生徒のニーズには十分に対応できていない。1人の先生が数十名の生徒を教えるという時点で限界がある。そこにAIを導入することで、個々の生徒に応じた教育をすることが可能になる。

現在も、塾などではAIを導入することで、個々の生徒に応じたカリキュラムを提示して、効率的な教育を試みている。現時点では、教師の作業をAIが代替しているという使い方ではあるが、かなりの効率化を進めることができている。将来的には、AIの機能が高まることで、生徒1人ひとりに対して専任の「AI教師」がつくようになるであろう。生徒、あるいは、その保護者が、学びたい（学ばせたい）ものを生徒の希望、レベル、取得状況などに応じて、カスタマイズして学ぶことができるようになる。

AIは大量のデータを処理することも得意だ。このメリットを活かした分野として、今後期待されるのが医療分野におけるAIの活用だ。人体に関するデータ（心拍、血圧など）、遺伝子データなど、医療には多くのインプットデータがある。さらに、CTやMRIなどの技術革新により、さらに新しいデータを瞬時にとれるようになってきた。得られた画像データをAIを使って解析することも可能で、データが増えるだけではなく、診断も、より高度にできるようになった。これらのデータを活用して、病気の「診断」、新しい薬を創る「創薬」などにAIの活用が進んでおり、今後も注目されている分野だ。人々の健康維持のためにもAIは大きく貢献するであろう。

AIは大量のデータを処理するだけではなく、それらのデータから、将来を「予測」「検知」することも得意だ。ネットショッピングなどにおいて、購買履歴のデータから、次に欲しくなるものを予測して、推奨する機能としてすでに実装されている。今後は、インターネット上で得られる情報以外とも連携してデータが充実したり、そのデータを処理・分析する能力がさらに高まることで、より精度よく推奨できるようになることなどが考えられる。

これが、保険の分野でも適用され始めている。個人に関する情報をもとに、AIを活用してリスクの算定を精度高く行うことで、よりきめ細やかに保険商品を提供しようというものだ。保険を意味する「Insurance」と技術を意味する「Technology」を組み合わせてインシュアテックなどと呼ばれている。自動車保険、生命保険、医療保険などのさまざまな保険での適用が進んでいる。

AIを活用することで、顧客ごとの特性を反映したリスク分析ができ、パーソナライズされた保険が可能になる。個人に関する大量のデータを処理することができるだけではなく、過去の個人顧客の履歴から、リスクを正確に「予測」できるようになることがポイントだ。顧客の直近の行動履歴からリスクを再計算し、保険の更新の可否、保険料の見直しなども可能になる。将来的には、個人がこれからとる行動が、どれぐらいのリスクがあるのか、すなわち、保険料にどれぐらい影響を与えるのかなどを予測して、行動を選択する指針となることも考えられる。

6.3 AI時代の到来

6.3.1 なぜ今、生成AIなのか

2023年になって急速に生成AIが注目されるようになったのには理由がある。

1つめが「精度」の向上だ。ChatGPTなどで出力される文章の表現は自然で、内容についても違和感なく出力されることが多い。「Midjourney」や「Stable Diffusion」では、自然で魅力的な画像を生成でき、Web画面のデザインなどでは十分に活用することができる。ビジネスなどで使えるレベルまで精度が向上したのだ。精度向上の背景には学習量の多さもある。コンピュータ能力の進化などもあり、学習するためのデータ量が飛躍的に拡大

し、モデルの精度が高まったといえる。

2つめは生成するまでの「スピード」が速くなったことがある。アプリケーションなどを用いて、条件を入力し、条件に応じた文章や画像を出力するための時間が格段に短くなった。背景では複雑な処理をしているにもかかわらず、学習モデルやアプリケーション側の工夫により、ビジネスで使うには十分な速さでアウトプットが出るようになった。

3つめは「使いやすさ」だ。ChatGPTなどのアプリケーションは、誰でも簡単に使うことができる。優れた生成AIのアプリケーションでは、対話型で条件を入力することができ、万人にとって条件が入力しやすくなっている。ユーザーインターフェースの向上により、利用が急速に進み、生成AIが浸透するようになったといえる。

4つめとして、生成AIで扱う「コンテンツの種類の多さ」が挙げられる。テキスト、数値、プログラムコード、音声、映像など、さまざまなコンテンツが扱われている。異なる種類の情報も同時に、組み合わせて処理できるようになり、テキストで条件を入力して、その条件にあった画像を生成することができる。複数種類のデータを関連付けて処理・学習することはマルチモーダルといわれ、このことが生成AIの浸透を加速させたのだ。

6.3.2 The Singularity is here.

シンギュラリティとは「技術的特異点」の意味だ。AIが賢くなり、人間の脳と同レベルになるタイミングのことを指している。以前は、シンギュラリティは2045年ごろに来るのではないかといわれていたが、生成AIの進化により、そのタイミングが早まるのではないかともいわれている。

この状況を表して「The Singularity is here」という言葉が使われるようになった。シンギュラリティは、もうすぐそこに来ているということだ。言い換えると、生成AIの出現は、それぐらいインパクトがあったということだ。

現状の生成AIが浸透してもシンギュラリティが来たとはいえないだろう。しかし、生成AIの進化の先にシンギュラリティがあることは間違いがない。生成AIにより、人間が考えるように話すことができ、SEが書きたいプログラムコードを設計し、アーティストが創造するような絵を描くことができるのだ。精度が上がれば、そこにはシンギュラリティがあるといっても過言ではない。

生成AIに対する取り組みは以前からあったが、急に生成AIが注目されるようになったのは、生成AIが使えるレベルになったことがきっかけだ。オープンAIはスケーリング理論に基づき、AIモデルで学習量の大規模化を追求してきた。学習量を増やせば、人間に近づくであろうと考えたからだ。その結果、ChatGPTを作りあげ、一般の人でも使えるレベルまで精度が高まった生成AIができた。開発の途中では、どれぐらい学習すれば、使えるレベルになるかは不透明な部分も多かったが、結果として、使えるレベルのものができたといえるだろう。だから、唐突に、ChatGPTに代表される生成AIが注目されるようになったのである。2022年10月に発表されたChatGPTは1年という短い期間で浸透した。

今後、どの程度の学習をすれば、シンギュラリティが来るのかはわからない。しかし、生成AIが「使えるレベル」になったように「人間の脳と同レベル」になるタイミングは突然やってくるかもしれない。シンギュラリティはいつ来てもおかしくないところまでせまってきているのだ。

6.3.3 生成AIから汎用人工知能へ

汎用人工知能（Artificial General Intelligence：AGI）という言葉が注目されてきている。Generalすなわち「汎用性がある」AIという意味で、人間のように十分に広範な適用範囲と、強力な汎化能力を持つAIのことだ。AIの当初の目的は、人のような知能を持つことだったが、この問題を解決することが難しかったため、狭い範囲の個別タスクに対応するように開発されてきた。汎用に対して、特化型AIなどと呼ばれている。近年は、技術開発が進み、従来の目的であった、人のような一般的な知能を持ったAIが開発されるようになってきており、これが汎用人工知能と呼ばれている。

汎用人工知能は、人間に近い思考回路や感情を持ち、さまざまなタスクや問題に対応できる能力を持っている。自分自身で多くの情報を処理して学習・進化することができ、状況に応じた適切な対応や問題解決が可能だ。これらの考え方は現在の生成AIが目指しているものと類似している。最新の生成AIの代表であるオープンAIのGPT-4は汎用人工知能に近づいたとする意見もあり、生成AIにおける研究開発の先に汎用人工知能があるといえるだろう。

汎用人工知能の完成は、シンギュラリティがきたことを意味している。シンギュラリティの世界がくれば、すべての企業、すべての人にとってAIは切っても切れない関係になる。今後の生成AIの進化により、人間とAIの関係は、新しい関係を築くタイミングにきているのだ。

6.3.4 AI時代にどう備えるか

現在は、IT・通信業界などで導入が進んでいる生成AIも、今後はさまざまな業種に広がっていく。今は人が行っている業務を生成AIで代替することが多いが、これからは創造的な業務へと拡大していくだろう。就労者の多くは、仕事をする局面において生成AIを使うことは避けられない。

また、AIの導入が進むことで、既存の生活が、より便利で効率的になるだけではなく、より高度になるといえる。仕事をするという局面だけではなく、通常の生活をおくるという局面においても、AIと接することになるのだ。

生成AIに対して、日本人がどのように考えているのかを調査した結果が図表6.3-1である。生成AIに対して、期待と不安のどちらが大きいかを調査した結果だ。「期待」派が41.8%、「不安」派が22.8%という結果になってい

図表 6.3-1　生成 AI に対する期待・不安

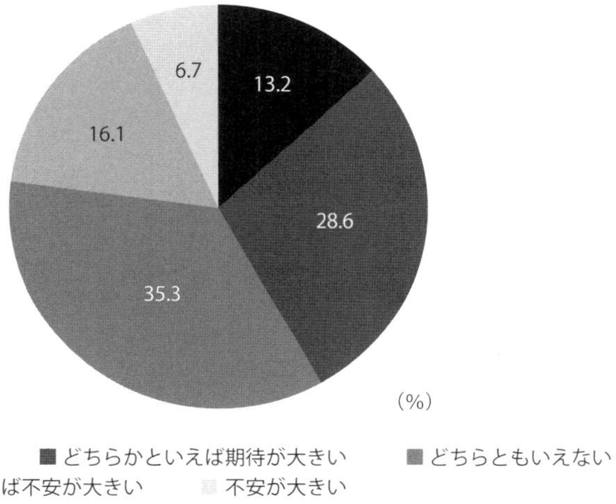

（出所）野村総合研究所「AIの導入に関するアンケート調査」（2023年10月）

る。生成AIに対して、漠然と期待をしている日本人のほうが多いことがわかる。

AIに対しては、個人情報の漏洩や、情報の信頼性などに対して不安を感じている人も多い。それでも、総じて、AIに対しては期待をしている人が多いのが現状である。アメリカでは、俳優がAIに仕事を奪われたとしてストライキが起こっているが、日本では、AIにより自分の仕事を奪われた人がさほど多くないのだろう。そのため、現時点では、まだ楽観的な人が多いと考えられる。AIに対して不安を感じているよりも、漠然とした期待をしている人のほうが多いのだ。マイナスの面ばかりが強調されてしまうと、AIの浸透に後れが出てしまうことが考えられる。仕事の面でも、生活の面でもAI時代がくることは避けられない。その点では、現在、AIに対して期待をしている日本人が多いことは悪いことではない。気持ちとしては、AI時代に備えられているといえるだろう。

われわれは大きな時代の転換点にいる。18～19世紀に起こった産業革命では、蒸気機関が普及して大量生産社会へ移行した。従来の家内制手工業から工場制機械工業生産が中心となった。1990年代はインターネットによる情報革命があった。情報伝達の速度が向上し、ビジネスにおける情報の価値が大幅に高まった。そして今、AI革命が起ころうとしている。

蒸気機関、情報がビジネスを大きく変えたように、AIがビジネスを大きく変えようとしている。30年前には利用者が限られていたインターネットも、今では生活になくてはならない存在になっている。産業革命と比べて情報革命は短期間で起こったが、AI革命は、さらに短い期間で浸透すると考えられる。10年後には、AIを使わないことが考えられない世界がきているであろう。

一般の人々はどのような準備をすれば良いのだろうか。具体的には、生成AIのアプリを使ってみること、プロンプトエンジニアリングに詳しくなること、ハルシネーションなどの課題を理解することなどが求められる。しかし、何よりも重要なことは、AIの時代がくるという「覚悟」と「ワクワク感」を持つことだ。

望むか望まないかにかかわらずAIの時代はやってくる。情報は日々更新され、対処方法も柔軟性をもって変えなければならない。AIを使いこなすのか、AIに使われてしまうのか、まずは人々の「覚悟」にかかっている。また、産業革命のような歴史の大きな変化を経験できることを「ワクワク感」を持って楽しんで欲しい。「覚悟」と「ワクワク感」があれば、AIと共存できる未来が訪れるはずだ。

執筆者紹介

株式会社野村総合研究所（https://www.nri.com/jp/）
野村総合研究所（NRI）は、1965年に日本初の民間シンクタンクとして誕生して以来、長年にわたり、企業戦略の提案や政策提言、システム開発・運用を行ってきた。新しい社会のパラダイムを洞察し、その実現を担う「未来社会創発企業」として、企業の経営革新・業務の実行支援、公共セクターへの政策提言などを行う「コンサルティング・ナレッジサービス」と、システムインテグレーションやアウトソーシングサービス、共同利用型システムなどの提供を行う「システムソリューションサービス」の2つの事業により、課題設定からその解決までのトータルソリューションを提供している。

NRIデジタル株式会社（https://www.nri-digital.jp/）
NRIデジタルは、2016年8月に設立された野村総合研究所（NRI）グループのデジタルビジネス専門会社である。デジタル分野におけるコンサルティングとソリューションそれぞれの専門家が顧客企業と併走し、デジタル化戦略の構想立案から、先端ITソリューションの選定・構築、事業の実行支援、プロジェクト全体の検証・改善に至るまで支援している。

長谷 佳明（ながや よしあき）／第1章、第5章6節
野村総合研究所DX基盤事業本部IT基盤技術戦略室。ITアナリストとして先進的なIT技術や萌芽事例の調査、コンサルティングを中心に活動中。専門分野はAI、ロボティクス、社会課題の分析など。（エキスパートリサーチャー）

牧 純一郎（まき じゅんいちろう）／第2章1節
野村総合研究所DX基盤事業本部AIソリューション推進部。テキストマイニングソリューション開発マネージャー。自然言語処理技術を中心にしたR＆D、製品企画、システム導入プロジェクトに従事。専門は自然言語処理、データサイエンス、AI。（エキスパートテクニカルエンジニア）

鷺森 崇（ざきもり たかし）／第2章2節
野村総合研究所DX基盤事業本部IT基盤技術戦略室。産業・流通分野における先端IT調査、コンサルティング、DX推進活動に従事。専門はデータサイエンス、機械学習プラットフォーム、ロケーションインテリジェンスなど。（エキスパートリサーチャー・NRI認定データサイエンティスト）

松崎 陽子（まつざき ようこ）／第3章1節、2節
NRIデジタル（KDDIデジタルデザイン出向）。DX推進に向けたR＆D活動に従事。需要予測、レコメンデーション、自然言語処理、生成AIなどの技術を活用した案件を担当。博士（学術）、専攻は神経行動学。（エキスパートデータサイエンティスト）

阿部 将大（あべ まさひろ）／第3章3節
NRIデジタル。産業・流通分野における生成AIを用いたR＆DやDX推進事業に従事。専門はデータサイエンス、デジタルマーケティング、ソーシャルリスニングなど。（エキスパートデータサイエンティスト）

藤吉 栄二（ふじよし えいじ）／第3章4節
野村総合研究所DX基盤事業本部IT基盤技術戦略室。先端IT調査、システムコンサルティングに従事。専門は量子技術（量子コンピュータや量子通信）や宇宙関連技術、先端ネットワーク技術など（エキスパートリサーチャー）

田村 光太郎（たむら こうたろう）／第4章
野村総合研究所未来創発センター生活DX・データ研究室。データサイエンティスト、クオンツとして様々な領域でのデータ解析に従事。専門分野は複雑系物理学、経済社会データ解析、アルゴリズムなど。SNSデータを利用した「日本の空気感指数」の企画開発担当。主な共著書に『学生・技術者のためのビッグデータ解析入門』（日本評論社）。

鈴木 雄大（すずき ゆうた）／第5章1節
野村総合研究所コンサルティング事業本部AIコンサルティング部。入社以来、数理・データサイエンスを生かしたアナリティクス業務に従事。専門は統計モデリング、統計的因果推論、それらを生かしたアプリケーション開発など。（NRI認定データサイエンティスト）

外園 康智（ほかぞの やすのり）／第5章2節
野村総合研究所金融ITイノベーション事業本部金融デジタルビジネスデザイン部。金融機関向けデジタル化コンサルティングおよび、言語処理・人工知能・暗号の研究とソリューション開発に従事。2018年・19年、人工知能学会・SWO研究会主催のナレッジグラフ推論チャレンジで最優秀賞受賞。21年から23年にはCRYPTREC高機能暗号の委員を務める。

金子 洋平（かねこ ようへい）／第5章2節
野村総合研究所金融ITイノベーション事業本部金融デジタルビジネスリサーチ部。金融機関のビジネスに関するコンサルティング、リサーチに従事。専門は金融DX推進、リテール金融など。一般社団法人金融データ活用推進協会 生成AIガイドライン策定アドバイザー。（シニアリサーチャー）

田村 初（たむら はじめ）／第5章3節
野村総合研究所未来創発センター生活DX・データ研究室。流通業向けの基幹システム構築及びコンサルティング、アナリティクス業務に従事。専門は小売・流通・消費財業界のマーケティング戦略、データサイエンス技術を用いたプロダクト開発など。（チーフデータサイエンティスト・NRI認定データサイエンティスト）

広瀬 安彦（ひろせ やすひこ）／第5章4節
野村総合研究所未来創発センター生活DX・データ研究室。生活者のDXおよびデータサイエンス関連の研究・社会提言活動に従事。専門はインターネットによる広報戦略、データサイエンティスト育成など。（エキスパート研究員）

幸田 敏宏（こうだ としひろ）／第5章5節
野村総合研究所DX基盤事業本部IT基盤技術戦略室。先端技術発掘とビジネス活用に従事。NRI IT Solutions America, Pacific支社長、MIT Media Lab客員研究員経験を持つ。専門はリテールテック、フィンテック、HRテック、AR/VR技術など。（エキスパートリサーチャー）

塩崎 潤一（しおざき じゅんいち）／第6章
野村総合研究所未来創発センター生活DX・データ研究室長。マーケティング戦略、数理解析・数理モデル、生活者の価値観などが専門。同社にてデータサイエンスを活用した新規事業を責任者として立ち上げ。（一社）データサイエンティスト協会理事。共著書に『第三の消費スタイル』（野村総合研究所広報部）、『データサイエンティスト入門』（日本経済新聞出版）など。

全体監修・構成：鷺森 崇、長谷 佳明

※上記の所属・役職は2024年1月末時点のものである。

AIナビゲーター2024年版

生成AIの進化がもたらす次世代ビジネス

2024 年 3 月 12 日

著　者——野村総合研究所／NRIデジタル

発行者——田北浩章

発行所——東洋経済新報社

〒103-8345　東京都中央区日本橋本石町 1-2-1

電話＝東洋経済コールセンター　03(6386)1040

https://toyokeizai.net/

装　丁………石間　淳

D T P………アイランドコレクション

印　刷………図書印刷

編集協力……パプリカ商店

編集担当……川村浩毅／岡田光司

©2024 Nomura Research Institute, Ltd., NRI Digital, Ltd.

Printed in Japan　ISBN 978-4-492-50352-2

本書のコピー、スキャン、デジタル化等の無断複製は、著作権法上での例外である私的利用を除き禁じられています。本書を代行業者等の第三者に依頼してコピー、スキャンやデジタル化することは、たとえ個人や家庭内での利用であっても一切認められておりません。

落丁・乱丁本はお取替えいたします。